Diane Stein

Wir sind alle Engel

Wir sind alle Engel

Wege zur Heilung unserer Vergangenheit, Gegenwart und Zukunft

Diane Stein

SILBERSCHNUR

0riginaltitel:We are the Angels. Healing 0ur Past, Present and Future with THE LORDS OF KARMA.
0riginalverlag: The Crossing Press, Freedom, California.

Einband und Illustrationen von Tara M. Eoff

Illustrationen von Ian/Everard
Amerikanische Erstausgabe

Aus dem Amerikanischen übertragen von Dr. Edith Zeile, Heidelberg

ISBN 3-931 652-80-7

1. Auflage 2000
2. Auflage 2003

Lektorat: Dr. Edith Zeile, Heidelberg
Covergestaltung: dtp XPresentation, Boppard
Druck: Finidr, s.r.o. Český Těšín

Verlag »Die Silberschnur« GmbH · Steinstraße 1 · D-56593 Güllesheim

www.silberschnur.de
e-mail: info@silberschnur.de

Danksagung

Ich möchte Karen Silverman meinen Dank dafür aussprechen, dass sie mich ermutigte, diese Energien zu erforschen, und dass sie bei diesem Prozess mein allererstes Versuchskaninchen war. Sie konnte dank ihrer hervorragenden Sensitivität eine Analyse der Vorgänge durchführen und mir erklären, was ich getan hatte. Mein Dank geht auch an Corinne Nichols, die sich ebenfalls zur Verfügung stellte, an Robyn Zimmermann für die Auskunft, wer Nada ist, und an Dorothy Byrne für ihren Wunsch nach mehr Erfahrung.

Ich danke auch Josh Silverman - fünf Jahre alt - für die Information, dass ich beim Prozess des Energieausgleichs einen „Tempel" verlassen und dabei die Ich-Bin-Schablone entdeckt hätte (die Bezeichnung stammt auch von ihm). Ich danke seiner Mutter Karen für die Erlaubnis, dass er als erstes Kind die Herren des Karma und den Energieausgleich erfahren durfte.

Besonderer Dank gebührt Kali und Copper, die bewiesen, dass dies alles Hunden helfen kann. Copper ließ mich wissen, dass er dies schon einige Male getan hatte, bevor ich je auf den Gedanken gekommen war.

Mein Dank geht wie immer an Elaine Gill, Karen Narita, Cyndi Barnes, Jane Lazear und all die wunderbaren Menschen in The Crossing Press, die meine Bücher herausbringen und bereit sind, mir trotz ihres sehr seltsamen Inhalts zu vertrauen.

Für Sue

Inhaltsverzeichnis

TEIL I

Karmaheilung

Karma und die Veränderungen der Erde

DER ERSTE GRUNDSATZ VON WICCA IST „DU BIST EINE GÖTTIN.“ Ob ihr dem Kreis der Göttin angehört oder nicht, der Gedanke ist wichtig. Die Erde ist eine Göttin, die einigen unter dem Namen Gaia bekannt ist, und die Göttin - ein Funke göttlicher Energie, gleichgültig wie ihr Göttlichkeit bezeichnet - ist im Leben jedes Individuums, jedes Tieres oder jeder Pflanze gegenwärtig. Ob ihr diesen Funken der Lebenskraft Göttin, Gott, Buddha, Christus, Allah, das Universum, Alles-Was-Ist oder irgendwie anders nennt, das Konzept ist dasselbe. Ohne jenen göttlichen Funken gibt es kein Leben. Sein Vorhandensein macht die Erde und all ihre Bewohner (Menschen und andere Geschöpfe) zu lebenden Wesen und zu einem Teil des einen Lebens des Planeten und des Universums. Alles Leben ist eins. Ich nenne jene Lebenskraft Göttin - ihr könnt ihr, wenn ihr wollt, einen anderen Namen geben. Die Göttin ist die Erde, aber alle Lebewesen auf der Erde, die ihren Funken der Lebenskraft in sich tragen, sind auch die Göttin.

Jeder Einzelne von uns ist ein Teil der Erde, und die Veränderungen der Erde treten zu allererst in jenen von uns zutage, die ihre Lebenskraft sind. Sie beschränken sich nicht nur auf Menschen, sondern treten auch im Pflanzen- und Tierleben auf, wozu auch das mikroskopische Leben gehört, worüber nachzudenken wir uns selten Zeit nehmen. Die Veränderungen treten in den Mineralien und Gasen auf, die die Form der physischen Erde bilden, wie auf den nichtphysischen Ebenen des Denkens und Tuns der Erdbewohner. Sie treten weit mehr auf den nichtphysischen Ebenen auf als auf den physischen, wo sie mehr ins Auge fallen würden, und weit mehr auf den unbewussten als auf den bewussten Ebenen. Wenn z. B. an die Stelle von Rassismus eine Haltung tritt, die die Gleichheit aller Menschen und eine tiefe Achtung vor allem Leben betont, so ist das viel bedeutsamer - und heilt die Erde mehr - als ein Erdbeben, obwohl ein Erdbeben auf der physischen Ebene beobachtet und gemessen werden kann.

Wenn in der Gegenwart die Veränderungen der Erde im Mittelpunkt von Diskussionen stehen, so werden zukünftige Kataklysmen und Zerstörungen auf dem Planeten beschrieben: natürliche und vom Menschen verursachte Katastrophen, Verschiebungen von Erdmassen, Zusammenbrüche von Gesellschaften und Regierungen, technologisches Versagen, Kriege, Gewalt, Krankheiten und andere Formen von Chaos. Der Grund, warum solche Ereignisse angeführt werden, liegt darin, dass man die Menschen zu der Erkenntnis hinführen möchte, was für die Erde und ihre Bewohner richtig ist, und dass man auf eine eventuelle Rückkehr zu Frieden, Ökologie, Freiheit und moralische Gesundheit hinarbeitet. Die Voraussagen haben Dutzende von Sensitiven und Channels gemacht, und viele sind eingetroffen. Die Göttin Erde ist in der Tat in Schwierigkeiten, und erst jetzt zeigen sich die ersten drohenden Keime einer notwendigen Veränderung.

Der erste Beweis für die Veränderungen der Erde kann in der Veränderung, Heilung und energetischen Reinigung von Individuen gefunden werden. Diese Heilung und Reinigung manifestiert sich zunächst als Heilung von Karma, ob sich die Menschen dieses Geschehens bewusst sind oder nicht. Der zunehmende Stress und die Problematik der letzten paar Jahre und die wachsende Intensität unseres Lebens spiegeln die Auswirkung dieses Prozesses wider. Was auch immer im persönlichen Karma und in zahlreichen vergangenen Leben einer Einzelperson noch nicht geheilt worden ist, tritt hervor und verlangt mit zunehmender Eindringlichkeit nach einer Änderung.

Alles, was in unserem Leben nicht ganz funktioniert, bricht nun völlig zusammen, seien es Beziehungen, Karrieren, Lebensstile, Verhaltens- oder Denkmuster. Niemand fühlt sich bei diesem Prozess wohl, aber wenn die endgültigen Ergebnisse vorliegen, werden sich die meisten in ihrem Leben glücklicher fühlen.

Die Heilung der Erde - das ist der Zweck der Veränderungen der Erde - bedeutet die Heilung von Menschen, einmal als Erdbevölkerung als Ganzes und als Einzelwesen. Keine Gruppenheilung findet statt, ohne dass jeder Einzelne in der Gruppe geheilt wird. Die Erde kann nicht heil werden, bevor nicht alle, die hier leben, geheilt sind. Auflösung von Karma und Heilung des Planeten - das bedeuten die Veränderungen der Erde. Die Auflösung von Karma und Heilung von Individuen ermöglichen die Veränderungen der Erde und deren Manifestation auf sichtbaren und unsichtbaren Ebenen. Das Chaos, das wir jetzt auf der Erde und bei Menschen erleben, beweist diese unvollständige Auflösung, die gerade im Gange ist. Ihre Vollendung wird das Neue Zeitalter herbeiführen, in dem es Frieden und Wohlergehen für jeden geben wird, für jedes Einzelwesen, für jedes Land und die Erde.

Die Vollendung der Erdveränderungen wird bei Individuen dazu führen, dass sie glücklicher und gefestigter werden, dass sie die Gültigkeit ihres Lebenszwecks erkennen und den Zweck und die Lebenskraft/Göttin im Leben aller achten. Das bedeutet, dass man sich in Beziehungen aller Art findet, die die Gleichheit und Lebenskraft beider Partner ehren und achten. Das bedeutet, dass man am Arbeitsplatz und im Beruf menschlich und ehrlich behandelt wird, ausreichende Freizeit hat und so bezahlt wird, dass man davon leben kann. Das bedeutet, dass man die Einheit allen Lebens in sich und allen anderen erkennt und alle Rassen und Unterschiede achtet. Die Vollendung der Erdveränderungen wird bei den Menschen dazu führen, dass Nahrung und Obdach für alle vorhanden ist und Misshandlungen, Armut, Obdachlosigkeit, Gewalt, Frauenhass, Unterernährung, Mangel an Ausbildung und persönlicher Freiheit verschwinden. Das bedeutet, dass eine neue Erde entsteht, weil die Menschen auf der Erde ein neues Bewusstsein haben. Sehr viel Heilung ist noch nötig, um diesen Punkt zu erreichen.

Karma bedeutet in diesen Zeiten der Veränderungen der Erde, dass das Individuum alles unerlöste Leid und jede negative Handlung aus allen vergangenen Leben und aus diesem Leben auf der Erde aufarbeitet. Jede Leidenserfahrung - aktiv oder passiv - verbleibt im Energiefeld des Individuums, bis sie aufgelöst und befreit worden ist. Jedes Leid im Energiefeld eines Menschen (oder Tieres) ist Teil des Leids von Gruppen oder Nationen. Wenn dieses anhaltende Leid geheilt und aufgelöst wird, wird das Individuum davon befreit, es erneut zu erfahren oder zu verursachen, und die Menschen auf der Erde werden auch als Kollektiv davon befreit, dass es zurückkommt. Befreiung setzt Erkenntnis voraus, Erkenntnis des Leidens und Erkenntnis, dass solch ein Leiden nicht toleriert oder verlängert werden kann. Das Wicca-Sprichwort formuliert das so: „Was du aussendest, kommt zu dir zurück." In der folgenden Fassung ist es vielleicht noch besser bekannt: „Was du nicht willst, das man dir tu, das füg' auch keinem andern zu." Man könnte vielleicht auch sagen: „Jetzt hört der Spaß aber auf!" Wenn man sich selbst vom Leiden befreit und den Wiederholungszwang unterbricht, hört das Leiden für alle auf.

Als Beispiel soll hier das allzu bekannte Frauenproblem angeführt werden, wie sich Frauen von einem Inzest heilen können. Eine Frau, die missbraucht, vergewaltigt oder Inzestopfer geworden ist, macht einen sehr schmerzlichen und schwierigen Genesungsprozess durch. Der Missbrauch hat sie in jeder Hinsicht verletzt - ihren Körper (physisch), ihre Gefühle (emotional), ihr Denken (mental) und ihr Selbstverständnis in Beziehung zu anderen und zum Universum (spirituell). Für ihre laufenden Beziehungen zieht sie unbewusst solche Partner an, die gewöhnlich die Inzestenergie wiederholen, indem sie sie manipulieren und missbrauchen. Während ihres Heilungsprozesses fängt sie an zu verstehen, wie sie verletzt worden ist, und erkennt, dass sie nicht zu tadeln ist. Sie löst ihren Schmerz und ihren Zorn auf, indem sie das

Leben bejaht. Indem sie das, was ihr zugefügt worden ist, akzeptiert und darüber spricht und erkennt, wie diese Verletzung ihr Erwachsenenleben beeinflusst hat, befreit sie sich von deren negativen Folgen und zieht eine ähnliche Erfahrung nicht mehr an. Während ihr Verständnis wächst, trifft sie die Entscheidung, dass ihre Tochter das, was ihr zugefügt wurde, nicht erfahren darf, und sie sorgt dafür, dass ihre Tochter ein gutes Selbstwertgefühl entwickelt und lernt, sich selber zu schützen. Das Inzesttrauma wird bei der Frau geheilt, und es gibt keine Fortsetzung davon bei ihrem Kind.

Um ihre Heilung zu vollenden, muss sie ihre Energiekörper von dem Inzestkarma befreien. Daher bittet sie, zum Ursprung des Inzests zurückzugehen, ein Ursprung, der wahrscheinlich in einem vergangenen Leben liegt, und ihn dort zu heilen und aufzulösen. Sie bittet um karmische Befreiung von dem, der ihr das angetan hat. Indem sie versteht, welche Umstände in ihren vergangenen Leben zu einem solchen Missbrauch geführt haben und wie dieses verletzte Muster aus der Vergangenheit in der Gegenwart aufgetaucht ist, um geheilt zu werden, löst sie es völlig auf. Jetzt, da das Leid vollständig aus ihren Energiekörpern dieses Lebens und vergangener Leben beseitigt ist, wird es sich nicht mehr in ihrer Zukunft zeigen. Die Person, die sie verletzt hat, wird sie in späteren Leben nicht treffen. Durch diese karmische Auflösung und die damit verbundene karmische Heilung ist die Kette des Leidens ein für allemal zerbrochen. Es wird in ihrem Lebensbuch in der Akasha-Chronik nicht länger aufgezeichnet und in ihrer DNS nicht länger weitergetragen. Inzest ist aus ihrem Leben (und künftigen Leben) völlig entfernt. Die Beziehungen, die auf sie zukommen, sind positiv, und sie gibt ihrer Tochter Schutz. Leid ist zu einem Teil vom Planeten entfernt worden.

Wenn eine genügend große Anzahl von Einzelpersonen auf diese Weise ihre Erfahrung von sexuellem Missbrauch aufgearbeitet haben, wird es diese Erfahrung auf der Erde nicht mehr geben. Die Heilung hat sich daher bei der missbrauchten Frau gezeigt, bei ihrem Kind oder ihren

Kindern, bei künftigen Generationen (ihren Kindeskindern), bei dem Gruppenleiden anderer und auf der Erde. Die Erde hat sich verändert, und ein Teil der Erdveränderungen ist zum Abschluss gekommen.

Jene, die Karma als „Auge um Auge, Zahn um Zahn" definieren, machen einen Fehler. Das wäre ein sehr einfältiger Umgang mit Karma. Selten hat es die Bedeutung, dass jemand, der ein Verbrechen in einem Leben begangen hat, in der nächsten Inkarnation Opfer des gleichen Verbrechens sein wird. Negative Handlungen verletzen das persönliche Energiefeld, und so mag jemand, der ein Verbrechen begeht, später eine ähnliche Erfahrung benötigen, um sie zu bereinigen und daraus zu lernen. Es ist jedoch weniger wahrscheinlich, dass die Frau, die missbraucht wurde, in einem vergangenen Leben in der Inzestsituation Täter als Opfer gewesen ist. Öfter ist Karma das Leid, das in dem Leben, in dem es auftrat, nicht geheilt worden ist. Die Verletzung bleibt in der Aura der Person (dem mentalen Körper und Geistgitter) hängen. Damit das Karma aufgelöst werden kann, erscheint die Verletzung immer wieder (wird ein karmisches Muster), bis Erkenntnis und Verständnis es auflösen. Ist Heilung eingetreten, hört alles Leiden auf; bis es zu der Heilung kommt, besteht das Leiden weiter oder wiederholt sich im gegenwärtigen Leben der Person und über die Grenzen von Tod und Wiedergeburt hinaus.

Karma ist keine Strafe. Es ist lediglich eine Energie von Schmerz und Verletzung, die gereinigt und entfernt werden muss. Die Erfahrung von Leid enthält die Lektion, dass ein solches Leid niemals wiederholt werden darf - so wird eine Frau, die einmal Opfer eines Inzests gewesen ist und sich davon geheilt hat, wahrscheinlich keinen sexuellen Missbrauch irgendeines anderen in diesem oder einem künftigen Leben zulassen. Leiden hat im Leben von Menschen und Tieren einen Zweck, und Tiere haben auch ein Karma. Sein Zweck ist, uns Mitgefühl für andere zu lehren und spirituelles Wachstum so voranzubringen, dass es zunächst für den Einzelnen und schließlich für alle unmöglich wird, irgendeinem anderen oder sich selber Schaden zuzufügen. Karma ist ein

Lernprozess, in dessen Verlauf ein Wachstum der Seele stattfindet und jede Einzelperson die Folgen ihrer Handlungen und ihres Leids erfährt und zu verstehen lernt. Indem sie die Folgen versteht, lernt sie so zu handeln, dass sich daraus Freude statt Leid für sie und andere ergeben. Dieses Lernen ist notwendig und von entscheidender Bedeutung. Wenn jeder diese Lektion gelernt hat, wird es keine weitere Notwendigkeit für Leiden oder Karma geben, und die Veränderungen der Erde werden abgeschlossen sein.

Wenn ein Individuum diese Lektion mit all ihren Aspekten lernt und sein durch vergangenes Trauma und Leid verletztes Energiefeld heilt, braucht es sich nicht länger zu reinkarnieren. Es leidet nicht mehr oder fügt anderen Leid zu. In den buddhistischen und hinduistischen Überlieferungen wird dies als letztes Ziel und die einzige wahre Heilung angesehen. Der christliche Himmel ist aus dem buddhistischen Devachan hervorgegangen, dem Reinen Land oder Gnadenort, wo man geboren werden und leicht Befreiung von der Wiedergeburt erreichen kann. Das Leben enthält Leiden, weil alte Verletzungen nur im Körper an die Oberfläche kommen, um geheilt zu werden. Im Stadium-zwischen-den-Leben oder irgendwo sonst werden sie nicht geheilt, dies ist nur während der Verkörperung möglich. Ist alles Leid im persönlichen Energiefeld aufgelöst und geheilt, und hat man die Einheit allen Lebens erkannt und empfindet Mitgefühl für alle, braucht man sich nicht länger zu reinkarnieren oder weiter Leid zu erfahren.

Genau das passiert bei den Erdveränderungen sowohl für Einzelne als auch für den Planeten. Wir haben einen Punkt erreicht, wo das Leiden der Menschen und der Erde aufgelöst werden muss, wenn der Planet und die Menschen überleben und weiterbestehen sollen. Die Menschen leiden gegenwärtig sehr intensiv, weil das ganze vergangene Leid, das noch nicht geheilt worden ist, zutage tritt, um die Heilung abzuschließen. Dieses Leid, das die Menschen erleben, ist ebenso zerstörerisch und erdrückend wie die Kataklysmen und Katastrophen auf dem Planeten und kann auch mit den irdischen Kataklysmen verbunden sein. Während die Katastrophen auf dem Planeten Regierungen und Nationen zwingen sollen, die Lebenskraft von Individuen und der Erde stärker zu achten, soll das Leiden der Menschen die Einzelnen dazu bringen, dass sie das Leid und den in all ihren Leben angerichteten Schaden heilen. In beiden Fällen scheint es oft unmöglich, mit den Katastrophen umzugehen. In beiden Fällen ist es erforderlich, die Energie zu reinigen, zu befreien und manchmal das Leid erneut zu durchleben, um es aus der Aura zu entfernen, damit es niemals wieder erlebt werden muss. Jene Menschen, die sich der Reinigung nicht stellen können, verlassen jetzt den Planeten, viele von ihnen sterben in jungen Jahren.

Wir werden beim Heilen nicht allein gelassen. Die Instrumente, die uns zur Verfügung stehen, um Karma auszugleichen und zu bereinigen, sind einfach, sanft und für jedermann zugänglich. Als ein größerer Teil der Erdveränderungen befinden wir uns auch in einer Zeit, da karmische Befreiung möglicherweise zum ersten Mal seit der Entstehung der Erde zugelassen wird. Die Mitglieder des Engelreiches, die die Oberaufsicht über das Karma von Menschen und Tieren haben, sind jetzt bereit, auf jede erdenkliche Weise mit uns zusammenzuarbeiten, um das Leiden zu heilen und seine Rückkehr zu verhindern - ob es sich um Einzelpersonen handelt oder den Planeten. Diese Energie der Reinigung und Heilung des Seelenkerns ist die aufregendste Facette der Erdveränderungen und sicherlich die wichtigste und bedeutsamste. Die Heilung der Menschen heilt die Erde. Wir sind die Erde, die Lebenskraft der Göttin, wir sind die Göttin.

Das zentrale Anliegen dieses Buches ist, den Umgang mit diesen Instrumenten zu lehren. Sie sind einfach zu handhaben, sind aber außerordentlich mächtig. Sie schließen die Arbeit mit den Herren des Karma ein (nennt sie Engel des Karma, wenn ihr wollt), um Leid und Energieblockaden aus diesem und vergangenen Leben zu entfernen. Indem die Gegenwart und Vergangenheit geheilt wird, werden Leiden, Schmerz und Trauma aus der Zukunft entfernt. Die Techniken schließen die Heilung der Schäden vergangenen Leidens auf allen Energieebenen ein, auf all den unsichtbaren Energiekörpern, die die ursprünglichen Teile der menschlichen Anatomie und des Lebens sind. Diese karmische Auflösung und Wiederherstellung und Reinigung des Seelenkerns haben eine umfassende Heilung zur Folge, die nicht erreicht werden kann, wenn man nur auf der physischen und emotionalen Ebene arbeitet. Die Ergebnisse zielen nicht auf den physischen Körper, aber häufig wird physische Heilung erreicht. Die Ergebnisse sind immer Schmerzfreiheit, eine größere Seelenruhe, ein positives Selbstbild und Ermächtigung und unendlich viel mehr Lebensfreude. Folgt sorgfältig den Anweisungen, seid dankbar und achtet das Geschenk, das uns gegeben worden ist.

Das nächste Kapitel vermittelt eine grundlegende Einführung in die Struktur der Seele, um die Vorgänge der karmischen Auflösung und des Energieausgleichs zu erklären, die Inhalt dieses Buches sind.

Die Struktur der Seele

Der Aufbau der Energiekörper von Menschen oder Tieren ist alles andere als einfach. Die meisten Heiler haben Kenntnis von den sieben Kundalini-Chakren und den vier Aurakörpern, aber dies ist nur der Anfang einer komplexen und in höchstem Maße faszinierenden Struktur. Unsere physischen Körper sind die Spitze eines sehr großen Eisbergs; vielleicht sind 99 % unseres Wesens unsichtbar, nicht aufgezeichnet und unbekannt. Mit dem folgenden Material versuche ich einen Teil dieser unbekannten Anatomie zu beschreiben, soweit meine elementaren Kenntnisse dies erlauben. Während die meisten Heiler den Akzent auf die Chakren legen, bin ich der Meinung, dass sie im karmischen Heilungsprozess im Vergleich mit den Aurakörpern und den Schablonen, die die Aurakörper verbinden, eine untergeordnete Rolle spielen. Ich werde die Kundalini- und Hara-Chakren nur kurz und in Zusammenhang mit ihren Körpern, derer sie sich bedienen, beschreiben. Eine detailliertere Darstellung der Chakren und Haralinien findet sich in meinem Buch *Geistheilung mit Geistführern und Engeln (Psychic Healing with Spirit Guides and Angels).*

Die ätherischen, emotionalen, mentalen und spirituellen Körper, die dem dichten physischen Körper am nächsten sind, sind den meisten Heilern bekannt. Sie sind für das tägliche Leben und Funktionieren von Menschen und Tieren von großer Bedeutung, aber sie sind auch als verbindende Zwischenflächen für die oberen Oktaven der äußeren

Aurakörperschichten sehr wichtig. Ebenso ist das Erdbewusstsein für das inkarnierte Erdleben wichtig, aber es gibt weitere wichtige Ebenen von Seelenbewusstsein, die dem Tagesbewusstsein weniger zugänglich sind. Diese äußeren Persönlichkeits „selbste“ sind mit den äußeren Aurakörpern verbunden und ihnen angeschlossen. Bringt man sie in die vier Schichten, die der physischen Energie am nächsten sind und macht sie sich bewusst, so hat dies weitreichende Konsequenzen für spirituelles Wachstum und umfassende karmische Heilung.

Der Ätherkörper

Beginnt man auf der Ebene, die dem physischen Körper am nächsten ist, so ist die erste Energieschicht der *Ätherkörper.* Diese Auraschicht enthält ein Energieduplikat des physischen Körpers, der als ätherischer Doppelgänger bekannt ist. Was im physischen Körper geschieht, geschieht zuerst im ätherischen Körper, und das ätherische Doppel ist das präverbale kindliche Bewusstsein. Heilung der ätherischen Ebene bringt Veränderungen der physischen Gesundheit und des physischen Körpers hervor. Die Kundalini-Chakren befinden sich auf dem Ätherkörper, und die Ka Schablone verbindet den physischen Körper mit dem ätherischen. Das *Wurzelchakra* auf der Kundalinienergielinie verbindet sich mit dem Perineumchakra auf der Haralinie und stellt so eine Verknüpfung des Ätherkörpers mit der nächsten Energieebene her.

Die sieben Kundalini-Chakren sind als Teil der Energieanatomie am bekanntesten. Bei den Menschen folgen sie einer vertikalen Linie entlang der Wirbelsäule auf der Vorder- und Rückseite des Körpers. Ich werde ganz kurz darauf eingehen. Das *Wurzelchakra,* das sich am Steißbein befindet, hat etwas mit Lebenskraft, Identifizierung mit dem Körper und dem Überlebenstrieb zu tun. Seine Farbe ist Rot, und es ist das erste Austrittsventil für die Energie und die Blaupause des Ätherkörpers. Das *Sakralchakra* unterhalb des Nabels reguliert Kreativität, Sexualität und Fruchtbarkeit. Seine Farbe wird als Orange beschrieben. Hier wird die Energie der Ätherebene zum zweiten Mal heruntertransformiert. Das dritte Chakra, das sich zwischen den untersten Rippen befindet, ist der *Solarplexus.* Seine Farbe ist Gelb; hier wird die Ätherenergie zum dritten und letzten Mal heruntertransformiert. Es reguliert das Tagesbewusstsein, rationale Gedankenprozesse und außersinnliche Wahrnehmung.

Das nächste Chakra ist das *Herzchakra* in der Mitte des Brustbeins, gekennzeichnet durch die Farben Grün oder Rosa. Das Herzchakra bringt die heruntertransformierte Energie des Astral/Emotionalkörpers herein und verbindet sich mit der Haralinie/dem Emotionalkörper durch das genau darüberliegende Thymuschakra der Haralinie. Der astrale Zwilling tritt durch dieses Chakrenpaar des Äther- und Emotionalkörpers ein. Dies ist das Zentrum für Mitgefühl und universale Liebe und des Gefühls, mit allen verbunden zu sein. Das hellblaue *Halschakra* auf der Höhe des Halses ist das erste Ausfalltor der stark heruntertransformierten Energie des spirituellen Körpers. Dieses Chakra reguliert die Fähigkeit eines Menschen, die Wahrheit auszusprechen, sich künstlerisch zu betätigen und mit Wesenheiten höherer Ebenen zu kommunizieren (Empathie). Es ist das komplexeste der Chakren, weil es sich der „Selbste" der Persönlichkeit bewusst wird und eine vollständige Blaupause des physischen, emotionalen, mentalen und spirituellen Körpers enthält.

Das nächste Chakra des spirituellen Körpers ist das *Dritte Auge,* das sich in der Mitte der Stirn über den physischen Augen befindet und durch die Farbe Indigo gekennzeichnet ist. Das Dritte Auge reguliert geistiges Sehen, Telepathie und Hellsichtigkeit. Es stellt die Verbindung der heruntertransformierten Energie zum persönlichen Bewusstsein, zum kollektiven planetarischen Bewusstsein und zum galaktischen oder universalen Bewusstsein her. Karmische Reinigung und karmischer Ausgleich geschehen auf dieser Ebene und setzen sich durch die vier unteren Körper fort. Das dritte Chakra des spirituellen Körpers, das sich oben auf dem Kopf befindet (das *Kronen- oder Scheitelchakra*), ist das letzte Kundalini-Chakra. Seine Farbe wird gewöhnlich als Violett angegeben und ist der Sitz des die physische Ebene transzendierenden Bewusstseins und der Spiritualität. Alle Heilarbeit, die sich auf den Seelenkern bezieht und Energieausgleich, Reinigung der Schablonen und DNS-Heilung usw. einschließt, tritt durch dieses Chakra in das Energiesystem ein, das der physischen Ebene näher ist. Auf dieser Ebene werden die stark heruntertransformierten Energien des Essenz-Selbst, und der Überseele aufgenommen, obwohl beide vom Tagesbewusstsein weit entfernt sind.

Dies sind die Kundalini-Chakren, aber es ist notwendig, hier auch die rückwärtigen Chakren zu erwähnen. Diese sind ebenso funktionsfähig wie die Chakren auf der Vorderseite des Körpers und nehmen wie Steckdosen außerkörperliche Energie auf. Das rückwärtige Herzchakra insbesondere ist der Ort, wo der astrale Zwilling im ätherischen Doppelgänger aufgeht, wo das Höhere Selbst im astralen Zwilling aufgeht, wo das Essenz-Selbst/Sternenselbst im Höheren Selbst aufgeht und wo die Überseele/ das Selbst der Göttin ihre Energie an das Essenz-Selbst abgibt. Die persönliche Göttin verbindet sich auch an dieser Stelle mit uns. Weiterführende Informationen über diese „Energieselbste" folgen. Diese Verbindungen am rückwärtigen Herzchakra bilden die Silberschnur.

Der Emotional/Astralkörper

Die nächste Energieebene nach dem Ätherkörper ist der *Emotionalkörper*, der mit der äußeren Energieebene des astralen Plans und dem astralen Zwilling in Verbindung steht. Der Emotionalkörper enthält die Haralinie und die Hara-Chakren, die sich mit dem Ätherkörper/Kundalinilinie direkt am Perineum/Wurzelchakra, am Thymuschakra/Herzchakra und am transpersonalen Punkt/ Scheitelchakra verbinden. Die ätherische Schablone verbindet den Ätherkörper mit dem Emotional/Astralkörper und verbindet Thymusdrüse und Herz. Es gibt 13 Hara-Chakren auf dem Emotionalkörper, die im Folgenden kurz beschrieben werden.

Der *Transpersonale Punkt* oder Seelenstern befindet sich oberhalb des Kronenchakras. Seine Farbe ist hell, und das Zentrum bringt außerkörperliche Lebenskraftenergie herein, um das dem Körper näherliegende Energiesystem zu verstärken. Es folgt ein Paar *Visionschakren* hinter den Augen. Diese Chakren haben eine silberne Farbe, und die Augen können sie wie Laser beim Geistheilen einsetzen. Das nächste Chakra an der Basis des Schädels ist das *Kausalkörperchakra*. Die Farbe ist entweder ein strahlendes Rotviolett oder ein silberfarbenes Blau. Dies ist das Zentrum für Channeling und Materialisation. Zugang zum Höheren Selbst bekommen wir durch den Kausalkörper und das Dritte Auge (Kundalini-Chakra). Das Höhere Selbst wird durch das Halschakra empfangen, und es verbindet sich mit dem physischen Körper durch den astralen Zwilling am rückwärtigen Herzchakra.

Das *Hara-Thymuschakra*, das sich hoch auf dem Brustbein gerade oberhalb des Kundalini-Herzchakras befindet, ist die Hauptverbindung zwischen den Hara- und Kundalini-Energiekörpern. Zugang zum astralen Plan jenseits des Emotionalkörpers und des einem Kinde ähnlichen astralen Zwillings ist durch dieses Paar verbundener Chakren möglich. Die Farbe des Thymuschakras erinnert an Wasser; es setzt Emotionen frei und schützt auch das physische Immunsystem. Es folgt das *Zwerchfellchakra*, das sich zwischen dem Kundalini Solarplexus und dem Herzchakra und oberhalb dieser Chakren befindet. Die Farbe des Zwerchfellchakras ist ein kalkiges Grün, und seine Aufgabe ist, die Haralinie zu entgiften und Gefühle zu ändern. Unterhalb des Nabels, zwischen dem Kundalini-Wurzel- und Sakralchakra und oberhalb dieser Chakren, befindet sich das *Harachakra*. Seine Farbe ist Orange-Braun oder Golden, und seine Aufgabe besteht darin, die Lebensaufgabe des Einzelnen zu offenbaren. Das *Perineumchakra*, das sich auf der nichtkörperlichen emotionalen Ebene zwischen Anus und Vagina befindet, hat eine kastanienbraune Farbe, und seine Aufgabe ist die Transzendenz des Körperlichen. Äther- und Emotionalkörper verbinden sich auch an diesem Zentrum.

Es folgen zwei kleinere Chakrapaare auf der Haralinie. Das erste Paar wird als *Bewegungschakra* bezeichnet. Es befindet sich in der Kniebeuge und hilft uns bei der Fortbewegung auf dem Lebenspfad. Seine Farbe erinnert an das Grün des Waldes oder ist Gelbbraun. Ein Paar braune *Grundchakren* befindet sich unten an den Füßen. Seine Aufgabe ist, den Geist *(spirit)* an die physische Inkarnation zu binden. Das letzte Hara-Chakra ist das *Erdchakra* oder der Erdstern, der sich in einer gewissen Entfernung unter den Füßen befindet. Die Farbe ist ein glänzendes Schwarz, und die Aufgabe dieses Chakras ist, die Verbindung des Einzelnen mit dem Planeten zu stabilisieren.

Der Emotionalkörper enthält einen Zugang zum astralen Plan, wo Seelenreisen in äußere Reiche stattfinden.

Er beherbergt auch den astralen Zwilling. Dieses freie, geistige Kind-Selbst - im Gegensatz zum Kleinkind-Selbst des ätherischen Doppelgängers - verfügt über ein entwickeltes Bewusstsein, das dem bewussten Verstand vielleicht zugänglich ist, vielleicht aber auch nicht. Es ist sanft, verletzlich und neugierig, leicht verletzt und leicht energetisch geschädigt. Das Konzept des „inneren Kindes" mag hier seinen Ursprung haben. Wenn die früheren Verletzungen des astralen Zwillings vollständig geheilt sind, wird er mit dem ätherischen Doppelgänger verschmelzen, wodurch beide erstarken und ein freudiger Teil bewusster spiritueller Wahrnehmung werden. Eine andere Schablone, die ketherische Schablone, verbindet den Emotionalkörper mit dem Mentalkörper und auch das Dritte Auge (Kundalini-Chakra) mit dem Kausalkörperchakra auf der Haralinie.

Diagramm 1:

Die Kundalini-Chakren

Ätherkörper

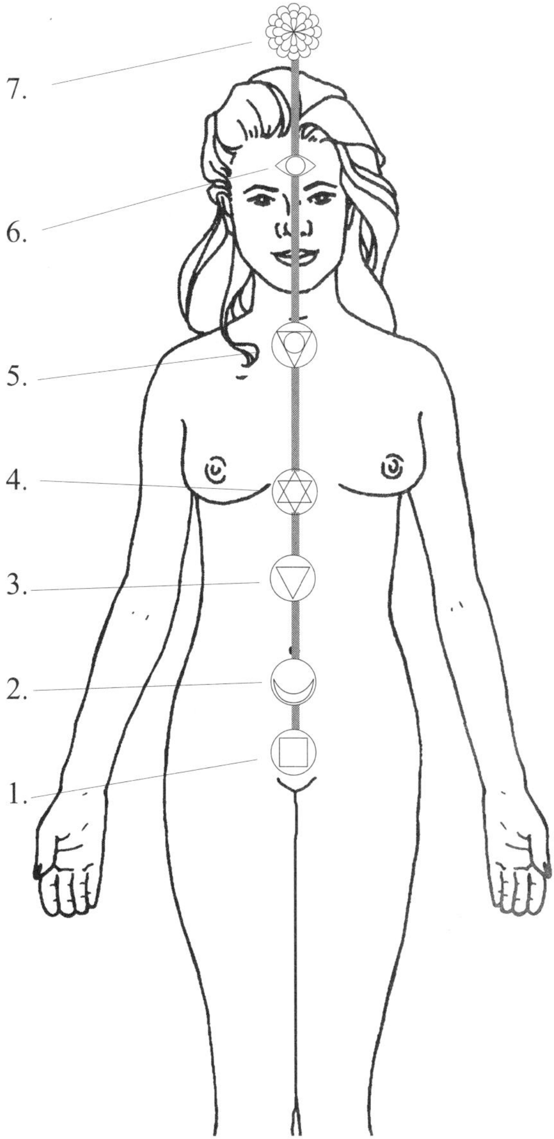

Kronen/Scheitelchakra
Identität jenseits des Körpers

Stirnchakra/DrittesAuge
Schau jenseits der Dreidimensionalität

Halschakra
Sprechen, Wahrheit

Herzchakra
Mitgefühl, Verbundenheit

Solarplexus
Begriffliches Fühlen

Sakral/Bauchchakra
Sexualität, Kreativität

Wurzelchakra
Überlebensinstinkt
Kernidentität

Diagramm 2:

Die Ḥara-Chakren

Emotional/Astralkörper

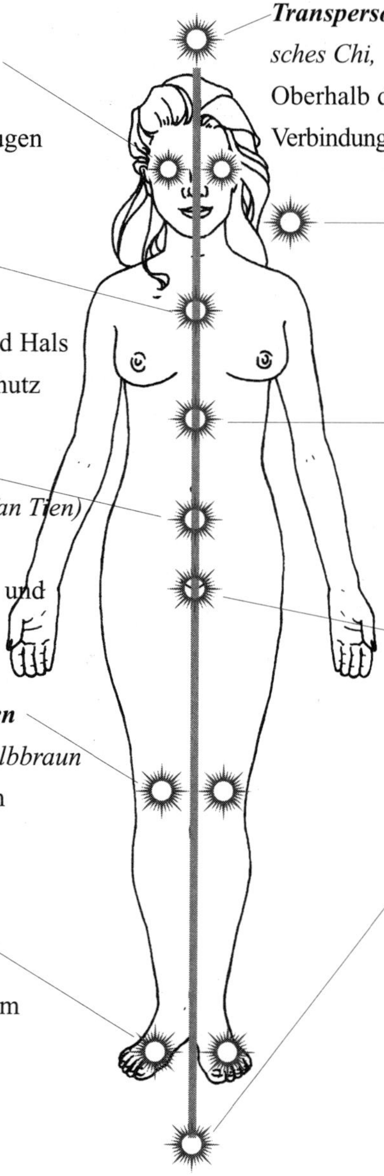

Visionschakren
Silberfarben
Pupillen beider Augen
Laserheilung

Thymuschakra
Wasserfarben
Zwischen Herz und Hals
Immunität und Schutz

Harachakra
(Originales Chi, Tan Tien)
Orangebraun
Zwischen Wurzel- und Sakralchakra

Bewegungschakren
Waldgrün oder Gelbbraun
Fortschritt auf dem Lebenspfad

Grundchakren
Braun
Verbindung mit dem Physischen

Transpersonaler Punkt *(Himmlisches Chi, Seelenstern) Hell*
Oberhalb des Kronenchakras
Verbindung mit Göttin und Universum

Kausalkörperchakra
Karmesinrot
Schädelbasis
Manifestation

Zwerchfellchakra
Weißgrün, Zwischen Solarplexus u. Herz
Reinigung, Veränderung

Perineumchakra
Kastanienbraun
Unter Wurzelchakra am Perineum, Transzendenz des Physischen

Erdchakra
(Irdisches Chi, Erdstern)
Schwarz
Unterhalb der Füße
Verbindung mit der Erde/ dem Planeten

Der Mentalkörper

Es folgt auf der nächsten Ebene der *Mentalkörper*, der Zugang hat zum persönlichen Geistgitter *(mind grid)*, zum Erdgitter und dem universalen Gitter. Der Buddhismus stellt fest, dass alle Realität vom Geist *(mind)* erschaffen wird und das jeweilige Konzept von Realität im Geistgitter *(mind grid)* entwickelt und gespeichert wird. Das Geistgitter erscheint der außersinnlichen Wahrnehmung als ein goldener Bildschirm, auf dem sich horizontale und vertikale Linien kreuzen. Wo Gedankenformen oder Denkprozesse überholt oder nicht mehr brauchbar sind, erscheint das Gitter trüb und verwickelt und verknotet. Karma wird im Geistgitter (mind grid) gespeichert - und dort geheilt -, da karmische Überzeugungen und Muster dort einprogrammiert sind. Die bestmögliche Analogie für das Geistgitter ist ein Computer.

Das Erdgitter setzt sich aus den kollektiven Gedanken, Überzeugungen und dem Bewusstsein des Planeten zusammen. Das persönliche Geistgitter überkreuzt sich mit dem Erdgitter, und an manchen Stellen sieht das wirklich sehr verworren aus. Man weiß seit einiger Zeit, dass ein Zuviel an Energie - entstanden aus den Erdveränderungen - das Erdgitter vorübergehend beschädigt und den Energieschirm wie einen Stapel von Mikadostäbchen aussehen lässt. Bis das Gitter repariert ist, sind Kommunikation und klares Denken auf dem Planeten beeinträchtigt, und man hofft, dass bei der Reparatur auch ein paar veraltete Gedankenformen beseitigt werden. Das Reinigen und Heilen individueller Karmas und Gedankenformen bewirkt Veränderungen im Erdgitter und ist ein Spiegel dafür, dass Erdveränderungen von einer individuellen Ebene ausgehen.

Das galaktische oder universale Gitter ist das Geistgitter *(„mind" grid)*, das das Bewusstsein anderer Planeten umfasst. Während das Erdgitter sich mit dem universalen Gitter überschneidet, haben die meisten

Menschen auf dieser Ebene kaum eine bewusste Verbindung damit. Sie nimmt allerdings zu, da mehr außerplanetarische Heiler und Helfer sich einfinden, um der Erde und ihren Menschen während der Veränderungen zu helfen. Die Verbindung des Mentalkörpers mit der nächsten außerkörperlichen Ebene, dem Spirituellen Körper, ist die Himmlische Schablone, die auch das Kronenchakra und den Transpersonalen Punkt in einer stark heruntertransformierten Form verbindet.

Der Spirituelle Körper

Der *Spirituelle Körper* enthält mehrere Energieschichten und ist ein Kokon, der alle Energieebenen darunter umgibt. Das Höhere Selbst residiert auf dieser Energieebene. Hat man Zugang zu ihm, so erscheint es als das junge Mädchen der göttlichen Triade, und mit einiger Vorbereitung kann man sie vielleicht in die dem physischen Körper näher liegenden Ebenen einführen. Ist das einmal geschehen, schließt sich das Höhere Selbst dem astralen Zwilling und dem ätherischen Doppelgänger an und verschmilzt mit ihnen, wodurch spirituelles Wachstum und Bewusstheit beschleunigt werden. Die Erfahrung seiner Energie ist höchste Ekstase, da es die Energie aller anderen „Selbste“ ist.

Der Kausalkörper

Der *Kausalkörper* befindet sich jenseits der Ebene des Spirituellen Körpers und ist durch die Ich-Bin-Schablone damit verbunden. Er enthält zwei Schichten, die Ebene des Essenz-Selbst/des Sternenkörpers (untere Ebene) und die Ebene des Seelenkerns/Überseele (höhere Ebene). Jede dieser Energieschichten bietet Zugang zu einem Persönlichkeitszwilling, dem Essenz-Selbst/Sternenselbst auf der unteren Ebene, und dem Göttlichen Selbst/der Überseele auf der höheren Ebene.

Das Essenz-Selbst oder Sternenselbst ist unser zentrales spirituelles Bewusstsein. Es ist unser zentrales Selbst, von dem all unsere vielen Inkarnationen ausgehen. Wird es in bewusste Energie eingebracht, erscheint es als ein Engel (die Engel sind unsere Essenz-Selbste und Göttlichen Selbste!) und als die Mutter der göttlichen Triade. Hat man Zugang zu ihm, wird es sich dem Höheren Selbst anschließen und mit ihm verschmelzen (das sich schon mit dem astralen Zwilling und dem ätherischen Doppel vereinigt hat). Fünf galaktische Chakren und drei galaktische Schablonen verbinden die untere und höhere Ebene des Kausalkörpers, das Essenz-Selbst mit der Überseele.

Das Göttliche Selbst oder die Überseele auf der höheren Ebene des Kausalkörpers ist bei der irdischen Inkarnation die am weitesten entfernte Energieschicht, die wir kennen. Dies sind wir, ausgestattet mit der ganzen Fülle von Lebenskraftenergie, die nicht heruntertransformiert ist, um sich der herabgesetzten Schwingungsfrequenz des Körpers und den körpernahen Ebenen anzupassen. Fünf Chakren des Kausalkörpers und drei kausale Schablonen bringen das Göttliche Selbst/die Überseele herein und verbinden die Überseele mit dem Essenz-Selbst. Dies ist die Weise Alte der göttlichen Triade, und man kann zu ihr Zugang bekommen und sich ihrer bewusst werden. Ist dies geschehen, verbindet sich das Göttliche Selbst mit dem Essenz-Selbst/Sternenselbst und verschmilzt mit ihm, das sich schon mit dem Höheren Selbst, dem astralen Zwilling und dem ätherischen Doppel vereinigt hat. Wenn diese Energien voll in unser Bewusstsein integriert sind - gleichgültig wie stark sie transformiert sind, damit wir sie in unser Bewusstsein integrieren können -, dann sind wir wahrhaftig göttlich.

Diagramm 3:

Die Schablonen und Energiekörper

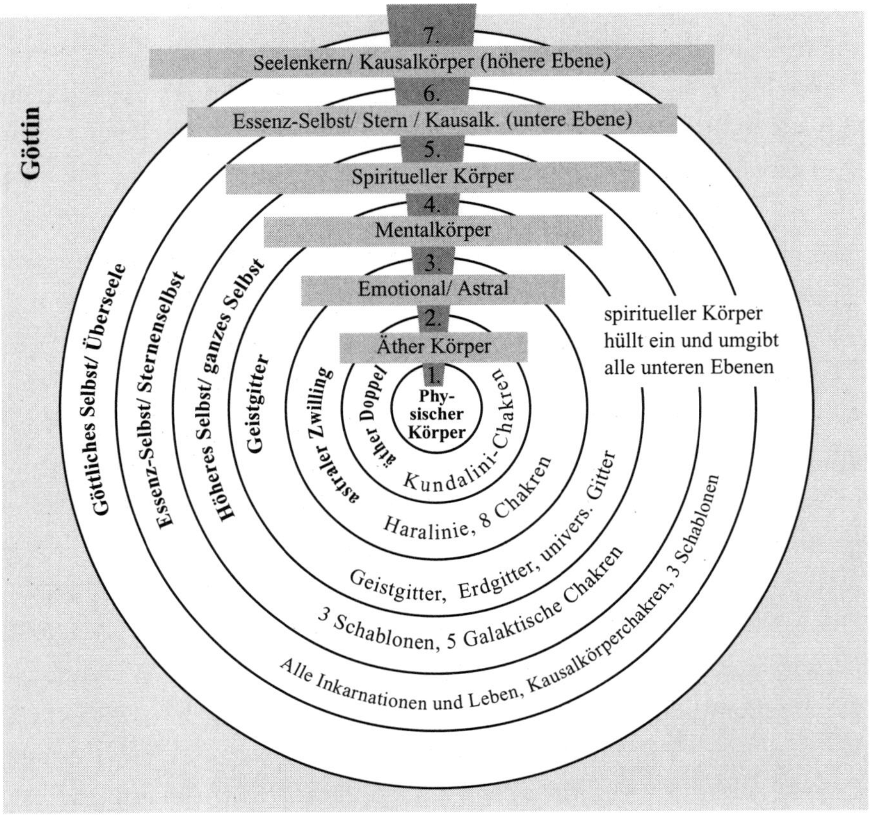

Schablonen:

1. Ka: Verbindet den phys. Körper mit dem Ätherkörper, verbindet Wurzel- mit Perineumchakra.

2. Ätherische: Verbindet Ätherkörper mit Emotional/Astralkörper, verbindet Herz mit Thymus.

3. Ketherische: Verbindet Emotionalkörper mit Mentalkörper, verbindet Drittes Auge mit den Chakren des Kausalkörpers.

4. Himmlische: Verbindet Mentalkörper mit Spirituellem Körper, verbindet Kronenchakra mit Transpersonalem Punkt.

5. Ich-Bin: Verbindet Spirituellen Körper mit Höherem Selbst Essenz-Selbst/Sternenselbst, Seelenkern und Überseele/ Göttliches Selbst, verbindet via Galaktische Chakren (absolut jenseits des Körpers).

6. Drei Galaktische: Bringt Sternenkörper/Essenz-Selbst auf die Ebenen des Spirituellen Körpers, verbindet Sternenselbst mit Höherem Selbst.

7. Drei Kausalkörper: Bringt das Göttliche Selbst/Überseele herein, verbindet Überseele mit Essenz-Selbst, Verbindung mit dem Göttlichen (Göttin).

Obwohl die Energiekörper hier beschrieben wurden, als handelte es sich um eine aufsteigende Ordnung, stellen sie einen kontinuierlichen und miteinander verknüpften Seinsprozess dar. Man hat sie eher als kreisförmige Torte dargestellt als eine vertikale Leiter. Mit der Entwicklung unseres Bewusstseins wird mehr Information über die Natur und Funktion dieser Körper auftauchen. Wenn alle Energieselbste miteinander verbunden und integriert sind, wird die Göttin selbst eintreten können und unsere Energie auf allen Ebenen auffüllen.

Tiere haben auch diese Energieebenen und die Energie „selbste", die eine Persönlichkeit darstellen. Meine Hunde z.B. hatten schon ihr Ätherisches, Astrales, Höheres und Essenz-Selbst integriert, während nur noch das Göttliche Selbst *(Goddess Self)* nicht integriert war. Während die anderen „Selbste" definitiv Hunde (und Hundeengel!) waren, hatte das Göttliche Selbst *(Goddess Self)* ganz klar eine menschliche Erscheinung. Haustiere haben auch ein entwickeltes Kundalini- und Hara-Chakrensystem, aber anders als bei Menschen ist die Anordnung nicht vertikal. Tiere, die mit Menschen eng zusammenarbeiten, sind vielleicht inkarnierte Fragmente menschlicher Seelen. Es bleibt noch viel zu lernen übrig, ob es sich dabei um die Energie von Tieren handelt oder um unsere eigene.

Die Verbindung zwischen dieser komplexen Struktur der Energiekörper mit Karmaheilung und Energieausgleich wird in den folgenden Kapiteln immer stärker hervortreten.

Reinkarnation

Die Tatsache, dass westliche Kulturen Reinkarnation ablehnen, ist der Hauptgrund für ihren gesellschaftlichen und moralischen Verfall. Die Ablehnung bedeutet, dass dem Menschen die Verantwortung für sein Tun entzogen, dass er der Entscheidungsfreiheit beraubt und ihm das Wissen vorenthalten wird, dass jeder seinen Platz im universalen Plan hat. Sie bedeutet, dass die Vorstellung von einer Ordnung im Universum verloren geht und viele Menschen ihren Glauben an einen göttlichen Ursprung aufgeben. „Verhalte dich gegenüber anderen so“ hat wenig Bedeutung ohne den notwendigen Zusatz „was du ausschickst, kommt zu dir zurück“. Es macht auch wenig Sinn ohne das Wissen, dass du zurückkommen wirst. Da wo der Tod als der Seele letztes Ende angesehen wird, ergibt sich als höchstes Ziel, dem Tod aus dem Weg zu gehen, ein Ziel, das oft die Grenzen des Mitgefühls und des gesunden Menschenverstandes übersteigt. Menschliche Entscheidungen, Bedürfnisse und Handlungen scheinen sich wenig erklären zu lassen, wenn Reinkarnation nicht berücksichtigt wird.

Wo es kein Konzept von der Ewigkeit der Seele gibt, da ist auch wenig Achtung vor dem Leben oder vor der Erde. Menschen und Tiere scheinen dafür da zu sein, dass man sie verbraucht, und dasselbe gilt für die Ressourcen des Planeten. Da der Tod am Ende eines sehr kurzen Lebens der endgültige Schlusspunkt zu sein scheint, besteht keine Notwendigkeit, die Regenwälder und bedrohte Tierarten zu schützen, erneuerbare Alternativen für fossile Brennstoffe zu finden oder die Zerstörung der Ozonschicht zu verhindern. Wenn die Rohstoffe für die eigene Lebenszeit reichen, genügt das. Im Gegensatz dazu überprüfen die Ureinwohner Amerikas traditionsgemäß ihr Handeln, indem sie dessen Auswirkungen auf die siebente zukünftige Generation berücksichtigen. Wie viele werden in der siebenten Generation noch leben, um die Folgen wahrzunehmen?

Die Menschen, die nicht an Reinkarnation glauben, handeln impulsiv, stehlen sich einfach aus einer Situation davon. Wenn unmittelbare Folgen ausbleiben, haben sie schon das Gefühl, erfolgreich gewesen zu sein. Aber was geschieht, wenn die Verantwortung sie in einem anderen Leben einholt? Was geschieht, wenn der Tod nicht das Ende ist und die Seele ewig weiterlebt? Was ist, wenn der Tod eines verletzten oder aufgezehrten Körpers ein Segen ist, der zu einem neuen und ganzen Körper führt? Was geschieht, wenn jemand zufälligerweise wieder auf der Erde leben muss, die er jetzt ausgeplündert (beschützt) hat? Was geschieht, wenn er/sie nun an der Reihe ist, seine/ihre Gewalttätigkeit oder Unehrlichkeit (oder Liebenswürdigkeit und Integrität) anderen Menschen gegenüber oder seine /ihre Misshandlung (seinen/ihren Schutz) von Tieren erfahren zu müssen? Was ist, wenn alles, was man anderen antut oder für sie tut, Gutes oder Schlechtes, zu einem zurückkommt und das eigene Leben beeinflusst? Und was ist, wenn alle Traumata, die noch nicht geheilt sind, am Ende voller Mitgefühl geheilt werden müssen? Dies sind Tatsachen.

Reinkarnation war eine zentrale Lehre des frühen Juden- und Christentums, ebenso ein wesentlicher Bestandteil östlicher Religionen, des Islam, des Buddhismus und Hinduismus und vieler afrikanischer und amerikanischer Eingeborenenstämme. Das Konzept wurde etwa im fünften Jahrhundert vom Judentum und Katholizismus beseitigt. Das Judentum hielt es für zu komplex für das Verständnis der Massen, aber die esoterischen Kabbalisten halten immer noch daran fest. Die Kirche entfernte es 553 n. Chr. aus der christlichen Lehre und betonte 1274 und 1439, dass es sich um eine ketzerische Auffassung handele, in dem Versuch, die Menschen noch mehr von der politischen Kontrolle und Autorität der Kirche abhängig zu machen. Sie ersetzten es, indem sie den gelehrigen und treuen Gläubigen den Himmel als Lohn versprachen und den Missetätern und Unabhängigen die Hölle als Strafe androhten - beides Verdrehungen des hinduistischen und buddhistischen Konzepts, wovon Jesus Kenntnis gehabt hatte. Doch trotz aller Versuche, den Glauben an die Reinkarnation über mehrere Jahrhunderte hinweg zu unterdrücken, ergaben Zeitungs- und Meinungsumfragen in den Achtziger Jahren, dass 29 % der in England und Amerika Befragten an Karma und Reinkarnation glaubten. Wenn man den Einfluss von New Age Materialien und die Erfahrung vieler Menschen mit diesbezüglicher Literatur und Rückführungstechniken einbezieht, so kann man davon ausgehen, dass die Zahl mit absoluter Sicherheit heute höher liegt.

Wiccas Anhänger haben immer an Reinkarnation und Karma als zentrale Facette der Religion der Göttin geglaubt. Die Lebenskraft wird in der göttlichen Kosmologie als Fortschritt auf einer niemals endenden Spirale von Geburt, Leben, Tod und Wiedergeburt definiert. Jedes Ende ist ein neuer Anfang, gleichgültig ob es sich um die Wiederkehr von Jahreszyklen oder Inkarnationszyklen handelt. Nach dem Tod kehrt man ins Leben zurück, so wie alles auf der Erde nach der Unfruchtbarkeit des Winters wieder zu blühen anfängt. Geburt bedeutet ein Fortschreiten von der Kindheit zur Reife und schließlich zum Tod, und der Tod ist der Übergang zu einer Ruhephase, der eine weitere Geburt und der Beginn eines neuen Zyklus folgen. Da wir alle Funken der göttlichen Lebenskraft sind, bildet alles, was auf dem Planeten geschieht, auch die Erfahrung jedes einzelnen Erdbewohners. Wir sterben und werden viele Male wiedergeboren.

Das Konzept bietet uns die Hilfe und Sicherheit eines universalen Plans an. Die kurze Lebensspanne des Menschen lässt nicht zu, dass er vollständig begreift, was es bedeutet, ein Mensch zu sein, dass er die Einheit allen Lebens vollständig erfasst, deswegen erhält er durch wiederholte Inkarnationen die Gelegenheit, die Lektionen zu vervollständigen. Der Lebenssinn liegt darin zu erfahren, was es bedeutet, in einem Körper zu sein, was es bedeutet, alle Lebensaspekte, sowohl positive, als auch negative, als Mensch zu erfahren. Man erwartet von uns, dass wir alles erfahren, dass wir lernen, unserem Leben verschiedene Perspektiven zugrundezulegen, bis uns nichts mehr fremd ist. So wie Menschen in ihrem Leben mit dem Alter und der Erfahrung reif werden, so reifen auch Seelen heran, wenn sie mit der Mannigfaltigkeit und den Lektionen mehrerer Leben konfrontiert werden.

Karma ist der Mechanismus, der alle Leben eines Menschen verbindet und für jede Seele den Studiengang festsetzt. Jedermann muss mindestens einmal das Leben als Mutter, Vater und Kind erfahren. Jeder muss glückliche und armselige Leben haben, Leben, in denen er gesund war, und andere, in denen er unter Krankheit und Gebrechen litt, Leben voller Macht und Ohnmacht, Leben voller Liebe und Leben ohne Liebe. Jeder hat sich in allen Rassen und in allen Teilen der Welt inkarniert. Um gegenseitige Abhängigkeit zu lernen, hat jeder seinen Seelenpartner, seinen Partner in allen oder den meisten seiner Leben. Beide Partner werden männlich oder weiblich sein, und sie werden heterosexuelle, lesbische und homosexuelle Beziehungen mit ihrem Partner haben. Jede Seele muss alles erfahren - und das Gegenteil von allem. Es ist erforderlich, mindestens einmal ein negatives oder kriminelles Leben zu führen, damit wir lernen, wie sich das anfühlt. Wir sind auch alle schlecht behandelt worden, damit wir Mitgefühl für andere lernen.

Man erwartet, dass wir Ehrlichkeit, Mitgefühl, Liebe zu uns und anderen, Achtung vor den Tieren und der Erde lernen. Jede Inkarnation fordert von uns, dem Menschen oder dem Planeten zu dienen, und mit der Entwicklung der Seele vertieft sich der Dienst, bis er schließlich der Sinn jeder Inkarnation ist. Die Entwicklung der Seele steht auf dem Lehrplan, und das Leben ist die Universität. Jedes Leben ist ein weiterer Studienkurs. Wenn die Ausbildung zum Abschluss gekommen ist, dürfen die Seelen wählen, ob sie zurückkehren wollen, um anderen zu helfen, oder ob sie in dem Stadium-zwischen-den-Leben bleiben wollen, um Führer für jene zu sein, die verkörpert sind. Diejenigen, die zurückkehren, werden Bodhisattvas (Bezeichnung für eine Person, die der Befreiung sehr nahe ist; Anm. d. Übers.) genannt, und viele haben sich zur Zeit auf der Erde verkörpert. Um diese Vollendung zu erreichen, muss alles Karma aufgelöst und geheilt sein, alle möglichen Dinge und deren Gegensätze erfahren sein, und die Seele muss sich entwickeln, bis sie erkennt, dass alles Leben eins ist. Die Erkenntnis dessen, was schon erreicht worden ist und was noch erreicht werden muss, ist ein zentraler Faktor bei der Reinkarnation und den Bedingungen jeder Wiedergeburt.

Wie können wir all das wissen? Kleine Kinder erinnern sich oft an ihre jüngsten vergangenen Leben und reden darüber, wenn Erwachsenen ihnen das nicht untersagen. Viele Erwachsene haben Träume oder Déjá-vu-Erfahrungen, eine Art Rückblende, oft ausgelöst durch einen Besuch des Ortes, wo das vergangene Leben sich abspielte. Sie spüren vielleicht eine seltsame Anziehung, die von einem Ort oder einer Ära ausgeht, und sie scheinen intuitiv und im Detail die Kultur zu kennen, die sie niemals vorher studiert oder aufgesucht haben. Jemand mag vielleicht eine starke Anziehung, Abscheu oder sogar Angst vor jemandem, dem er gerade begegnet ist, spüren, ohne dass eine rationale Erklärung auf der Basis dieses Lebens möglich ist. Menschen, die sich lieben, fühlen sehr stark, dass sie schon zusammen gewesen sind. Phobien treten in diesem Leben auf, wofür es keine logische Erklärung gibt. Diese Phobien erscheinen vielleicht als ganz logisch, wenn Traumata vergangener Leben aufgedeckt werden. Wer lernt zu meditieren oder sich auf andere Weise spirituell weiter entwickelt, erhält vielleicht spontane Bilder von vergangenen Freunden, Feinden und Situationen.

Hypnose war die erste Technik, die die kontrollierte Erforschung vergangener Leben ermöglichte, angefangen bei dem ersten gemeinverständlich dokumentierten Fall, als Morey Bernstein 1954 Virginia Tigue in ein vergangenes Leben als Bridey Murphy um 1800 in Irland zurückführte. Bernsteins Buch, das die Ergebnisse zusammenfasste, war sehr umstritten, führte aber auch zur Entdeckung von Hypnotiseuren und Therapeuten, dass die Rückführung in vergangene Leben eine Vielfalt von Phobien und Krankheiten zu heilen vermochte. Oft genügte es schon, bei der hypnotischen Rückführung den Ursprung einer Schwierigkeit im vergangenen Leben zu sehen, um das Problem aufzulösen. Es wurde berichtet, dass seelische Störungen, Krankheiten, Phobien und Beziehungsprobleme geheilt wurden. Während viele traditionelle Therapeuten Rückführungen in vergangene Leben meiden, machen viele andere positiven Gebrauch davon, und die meisten wurden einfach durch wiederholte Beweise gezwungen, daran zu glauben. Diese Entdeckungen waren die Anfänge karmischer Heilung.

In den letzten paar Jahrzehnten sind die Natur vergangener Leben, das Stadium-zwischen-den-Leben, Reinkarnation und Karma gründlich erforscht worden. Die Tatsache, dass der Zugang zu buddhistischen und hinduistischen Schriften erleichtert worden ist, weil es jetzt Übersetzungen davon gibt, hat die Neugier der Menschen angeregt, die Wahrheit selber mehr zu erkennen und zu entdecken. Bücher werden jetzt von Menschen geschrieben, die Nah-Tod-Erfahrungen hatten und deren Leben dadurch verändert wurde. Die Menschen möchten wissen, wer sie sind auf der Basis dessen, wer sie gewesen sind. Wenn sie den Versuch einer Rückführung machen, sind nur wenige enttäuscht. Das Wissen führt zu einer Transformation - weiß man einmal, dass man hier gewesen ist, viele Male hier gewesen ist, bekommen Leben und Tod eine neue Bedeutung, und vieles, wofür es keine Erklärung gab, klärt sich auf.

Unsere Vergangenheit kennenzulernen, ist ein einfacher Vorgang. In vielen Büchern werden Selbsthypnose und meditative Techniken beschrieben, mit deren Hilfe man in ein vergangenes Leben zurückgehen kann, aber es gibt einen einfacheren Weg. Ein meditativer Zustand ist Grundlage für diesen Vorgang. Eine ruhige halbe Stunde ohne Unterbrechung ist dafür nötig. Nimm den Telefonhörer von der Gabel. In einem abgedunkelten oder von Kerzen erhellten Zimmer sitze bequem auf dem Boden oder einem Stuhl mit gerader Rückenlehne. Die Lotosposition ist nicht erforderlich; Arme und Beine sollten nicht überkreuzt werden, und man sollte bequem sitzen, aber nicht so entspannt sein, dass man einschläft. Vielleicht möchtest du einen Schutzkreis um dich herum ziehen oder ganz einfach darum bitten, dass nur Energien der höchsten guten Wesenheiten an deinen Nachforschungen teilnehmen dürfen. Atme mehrmals langsam und tief ein und aus und beruhige deinen Körper und deine Gedanken.

Wenn du ruhig bist, bitte darum, mit den Herren des Karma (du kannst sie auch Engel nennen) zu sprechen. Du wirst auf subtile Weise eine Anwesenheit spüren, was eine optische, haptische oder akustische Wahrnehmung sein kann. Behandle diese Wesen mit großem Respekt, in ihren Händen liegen unser Karma und unsere vielen Inkarnationen. Bitte darum, dass man dir ein vergangenes Leben zeigt, das für dieses Leben relevant ist, das vielleicht einen Bezug zu einem Problem hat, das du jetzt hast. Bleibe ruhig sitzen und achte darauf, dass dein Geist (mind) klar und still ist, damit er die Einblicke, die kommen werden, aufnehmen kann. Vielleicht siehst du Bilder oder erhältst akustische Informationen, körperliche Sensationen oder dgl. Vielleicht verstehst du, was man dir zeigt, oder auch nicht; bitte um Erläuterung, wenn du das möchtest. Wenn das, was man dir zeigt, eine traumatische Erfahrung zu sein scheint, kannst du darum bitten, „es wie einen Film anzuschauen", ohne Verzweiflung oder Schmerz zu fühlen. Wenn das, was du siehst, negativ zu sein scheint, kannst du die Herren des Karma bitten, die Situation oder das Leben und deren/dessen Einfluss auf dein jetziges Leben zu heilen.

Wenn du das, was du brauchst, gesehen hast, danke den Herren des Karma und kehre in die Gegenwart zurück. Du kannst darum bitten, mehr als ein Leben während einer Meditation zu sehen, aber beim ersten Mal ist es am besten, nur um eines zu bitten. Du wirst danach viel Stoff zum Nachdenken haben, selbst wenn es sich nur um eine Inkarnation handelt, insbesondere wenn du dir deiner vergangenen Leben vorher nicht bewusst gewesen bist. Nach der Meditation erhältst du vielleicht weitere Eindrücke von dem Leben, das dir gezeigt worden ist, Rückblenden, Träume oder „ganz einfach Wissen". Die Herren des Karma werden gewöhnlich für dich ein Leben herausgreifen, das geheilt werden muss, und es wird für deine gegenwärtige Situation wichtig sein, dass du es anschaust und um Heilung bittest. Du kannst die Meditation täglich wiederholen, um mehr über deine vergangenen Inkarnationen zu erfahren, die in der Akasha-Chronik deiner Seele aufbewahrt sind.

Ist eine Situation negativ oder traumatisch gewesen, bitte in jedem Falle um Heilung. Dein Verständnis von dir als Seele auf einer spirituellen Reise wird beträchtlich wachsen.

Nachdem du dir eine Anzahl vergangener Leben angeschaut hast, wird ihr Muster deutlich hervortreten. Du wirst dir vielleicht zum Beispiel bewusst, dass du mit deinem gegenwärtigen Partner eine Anzahl vergangener Leben verbracht hast und dass meistens ähnliche Beziehungsprobleme aufgetaucht sind, wie ihr sie jetzt habt. Vielleicht bist du in diesem Leben arm und unterdrückt und erfährst, dass du in deinen vergangenen Leben oft arm und unterdrückt gewesen bist. Wenn du ein Muster erkennst, kannst du daran gehen, es zu heilen. Mache die oben beschriebene Meditation, und bitte dieses Mal die Herren des Karma, dir das Leben zu zeigen, in dem das von dir erkannte Muster sich zum ersten Mal zeigte. Man zeigt dir vielleicht ein Leben, das du vorher nicht gesehen hast oder möglicherweise eine neue Facette eines Lebens, das du schon in Augenschein genommen hast. Wenn du verstehst, wie die Ursprungssituation das von dir wahrgenommene Muster geschaffen hat, kannst du die Herren des Karma bitten, das Leben zu heilen, das die Ursache des Musters war und das Muster selbst. Du wirst auf irgendeine Weise spüren, ob dies zu dieser Zeit möglich ist oder nicht. Danke ihnen und komme in die Gegenwart zurück.

Wie dieser Vorgang weitestgehend genutzt werden kann, um eine vollständige Heilung und Auflösung des Karma zu erreichen, wird in späteren Kapiteln beschrieben. Im Augenblick ist es wichtig für dich zu erfahren, dass du viele vergangene Leben gehabt hast und wie einige davon aussahen. Vielleicht hast du auch den Wunsch, etwas über Geburt und Tod zu erfahren und welcher Art das Leben zwischen den Leben ist. Eine Übung könnte vielleicht sein, die Herren des Karma zu bitten, dir in einem der vergangenen Leben einen friedlichen Tod zu zeigen. Du wirst überrascht sein, wie wunderbar und frei von Trauma der Sterbevorgang ist. Die Erfahrung deiner Geburt, selbst einer normalen, ist weit schmerzhafter und traumatischer. Wenn du dies wählst, bitte darum, dass du es ohne Verzweiflung oder Schmerz „wie einen Film" ansehen darfst. In anderen Meditationen kannst du auch darum bitten, dass man dir das Stadium-zwischen-den-Leben zeigt. Am Ende dieser Nachforschungen wirst du dich nicht länger vor Tod oder Reinkarnation fürchten.

Soll man auch darum bitten, zukünftige Leben anzuschauen? Zum größten Teil ist das eine unzuverlässige Sache, und man empfiehlt dies gewöhnlich nicht. Vergangenheit und Gegenwart bestimmen den Lauf der Zukunft. Was du schon gelernt hast, braucht nicht wiederholt zu werden, und du lernst immer noch in diesem Leben. Das Wachstum an einem Tag in diesem Leben verändert deine zukünftigen Inkarnationen, und was du heute siehst, kann sich schon morgen verändert haben und wird sich mit Sicherheit zum Ende dieser Inkarnation ändern. Wenn du immer noch an einer Vorschau auf ein zukünftiges Leben interessiert bist, mache die oben angeführte Meditation, aber frage zunächst die Herren des Karma, ob eine solche Vorschau für dich angebracht ist. Wenn sie andeuten, dass dies nicht der Fall ist, gib die Sache auf. Lass dich niemals auf ein Streitgespräch mit ihnen ein. Wenn sie dir ein zukünftiges Leben zeigen, kann es sich um eine Lektion handeln, die jetzt gelernt werden muss, um die Entstehung eines Problems in der Zukunft zu verhindern. Nimm die Lektion ernst und führe die erforderliche Arbeit durch.

Tiere haben auch Seelen, die sich in der Entwicklung befinden, und Karma, das geheilt werden muss.

Wenn du einen Hund oder eine Katze hast, die dir nahestehen, kannst du darum bitten, eins ihrer früheren Leben zu sehen. Lege deine Hände sanft auf deinen ruhigen oder schlafenden Liebling und bitte um ein Gespräch mit den Herren des Karma. Bitte darum, dass dir ein früheres Leben des Tiers gezeigt wird, das einen Bezug zu diesem Leben hat. Vielleicht überrascht es dich zu entdecken, dass dein Liebling in einem anderen Körper in der Vergangenheit, in dieser oder anderen Inkarnationen bei dir war. Auch das Tier kann traumatische Leben gehabt haben, die Heilung benötigen. Wenn du die Situation anschaust, wird dein Tier wahrscheinlich andeuten, dass es das auch tut, indem es unruhig wird und manchmal zu winseln anfängt. Bitte die Herren des Karma, alle verletzenden oder traumatischen früheren Erfahrungen des Tieres zu heilen und zwar in dem Leben, da das geschah und soweit das jetzt sein Leben beeinflusst.

Wenn wir eine Rückführung in frühere Leben machen, fangen wir an, uns mit unserem Karma auseinanderzusetzen und es zu heilen. Karma kann als Summe der Lektionen früherer Leben definiert werden, insbesondere jener Restlektionen, die in der gegenwärtigen Inkarnation zu vervollständigen und aufzulösen du bereit warst. Man fängt an, sein Karma zu heilen, wenn man sich mit der Vorstellung der Reinkarnation und der eigenen früheren Leben vertraut macht und die Herren des Karma kennenlernt. Im Folgenden werden wir weiter ausführen, welcher Art die Lektionen sein können, wie sie in Funktion treten und wie sie sich heilen lassen und wie wir mit den Herren des Karma (oder Engeln) zusammenarbeiten können, die die Lernprozesse unserer Leben überwachen.

Die vier Arten von Karma

Schwierigkeiten aus früheren Leben, die an die Oberfläche kommen und uns in diesem Leben beeinflussen, lassen sich in vier grundlegende Kategorien einordnen. Die Kategorien machen es möglich, aus der Perspektive dieses Lebens die Ursprünge aktueller Probleme aufzuspüren, die vielleicht in die Vergangenheit zurückreichen. Wenn man einige seiner vergangenen Leben kennt, wird man sich der Muster, Schwierigkeiten oder Situationen bewusst werden, die sich von Leben zu Leben wiederholen und in der Gegenwart fortsetzen. Auch hier lassen sich vier Kategorien erkennen. Im letzten Kapitel wurde eine einfache, aber wirkungsvolle Methode vorgestellt, wie man anfangen kann, sie aus der Perspektive der Vergangenheit zu klären. Der ganze Prozess der Heilung und Auflösung karmischer Muster und Situationen wird später detailliert beschrieben. Dieses und das nächste Kapitel wollen zu einem umfassenderen Verständnis von Karma beitragen und aufzeigen, wie es sich von Leben zu Leben wiederholt.

Leitet man sein Verständnis von Karma von den vier Kategorien ab, so wird die Wirkung vergangener Leben auf die Gegenwart sehr deutlich. Unsere vielen Leben sind miteinander verknüpft und ihre Lehren miteinander verflochten. Ein Leben ist nicht vorüber, wenn man stirbt. Seine größeren und oft auch kleineren Ereignisse bestehen als Teil unseres Energiemakeups weiter, um jede zukünftige Inkarnation zu beeinflussen. In diesem gegenwärtigen Leben bestimmen frühere

Erfahrungen und Ereignisse unsere Einstellung und Persönlichkeit. Das gleiche betrifft Ereignisse aus vergangenen Leben. Der Tod ist kein Schlusspunkt; die Erfahrungen eines Lebens bringen die Situationen und Lernaufgaben des nächsten hervor, obwohl Inkarnationen, die eine Situation oder ein Trauma wiederholen, durchaus nicht aufeinanderfolgen müssen. Wenn etwas in den Lebensaufzeichnungen der Akasha-Chronik erfolglos, traumatisch gewesen ist, Schaden verursacht hat oder eine negative Erfahrung für einen selber oder für andere gewesen ist, wird sich die Situation so lange wiederholen, bis man sich ihr stellt und sie heilt.

Das Heilmittel für ein karmisches Muster ist immer Erkenntnis. Wenn man versteht, was misslungen ist, was falsch gewesen ist und wo der Fehler liegt, wird es relativ leicht sein, eine neue Wahl zu treffen und das Muster zu verändern. Karma beruht immer auf dem freien Willen und einer Wahl. Wenn der Erfolg ausbleibt, sollte man eine andere und positivere Handlungsweise versuchen. Wird viel Karma aufgelöst, so schließt das die Erkenntnis dessen ein, was in einer Beziehung oder Situation falsch ist, und die Heilung vergangenen Karmas, damit die Zukunft die veränderten Entscheidungen inkorporieren kann. Während in der Vergangenheit Karma als irreparables und unwiderrufliches Los oder Schicksal angesehen wurde, so ist das heutzutage nicht der Fall. Fast alles kann geheilt werden, aber Erkenntnis muss vorausgehen. Man muss erkennen, dass etwas in seinem Leben nicht stimmt, warum es für einen nicht stimmt, und dann muss man den Wunsch haben, das Muster zu verbessern.

Trotz der subtilen Psychologie traditioneller Religionen sind Schuldgefühle, Tadel und Scham in diesem Prozess durchaus nicht hilfreich. Jeder hat irgendwann einmal negative Dinge getan, jeder hat Verbrechen begangen, und jeder hat unerfreuliche Leben hinter sich gebracht. Jeder hat gelitten, und Leiden ist hervorragend geeignet, seelisches Wachstum, Reife und Entwicklung herbeizuführen. Werden einem solche negativen Dinge und Leiden aus der Vergangenheit vorgeführt, so liegt der Sinn nicht darin, Schuldgefühle hervorzurufen, sondern eine

Änderung in der Einstellung und Bewusstheit zu bewirken. Der Sinn ist, eine Einsicht von „das war falsch, das werde ich nicht wieder tun" herbeizuführen und Mitgefühl für sich selber und andere zu lernen. Tadel gehört auch nicht hierher, und wie Schuld behindert er eher den Prozess karmischen Ausgleichs, als dass er ihn fördert. Sich selber zu tadeln ist ebenso destruktiv, wie andere zu tadeln.

Jeder hat Leben gehabt, in denen er Opfer gewesen ist und andere seine Opfer waren. Der Zweck, sich dieser Situationen bewusst zu werden, ist, eine Änderung hervorzubringen, damit die Lektionen nicht wiederholt werden müssen oder man auf irgendeine Weise zu ihnen zurückkehren muss, damit das Leiden sich nicht fortsetzt. Hast du einmal den Irrtum eingesehen und deine Einstellung und dein Verhalten geändert, so ist deine Lernaufgabe beendet, und dein Karma kann dann bereinigt werden. Die Person, die dir in einem früheren Leben Schaden zugefügt hat und die du heute kennst, unterscheidet sich sehr von der Person in der Vergangenheit. Weder du noch sie verdienen Tadel.

Scham ist auch eine negative Reaktion auf Angelegenheiten, die Teil früherer Leben waren. Während Schuld etwas mit deinen Taten zu tun hat und Tadel die Schuld auf andere schiebt, hat Scham etwas mit deinem innersten Wesen zu tun. Da wir alle göttlich sind und von Gott *(Goddess)* geschaffen worden sind, brauchen wir uns wegen nichts zu schämen, obwohl wir Verantwortung übernehmen müssen. Jeder von uns ist Teil der göttlichen Lebenskraft, der Erde, des Universums und aller Lebewesen, und wir sind berechtigt, über dieses Geschenk stolz zu sein. Ein negatives Selbstbild ist der Charakterzug, der heutzutage bei Frauen am meisten Heilung benötigt, und bei Männern ist es das aufgeblasene Selbstbild. Wir sind alle Teil des größten Zaubers und Wunders des Lebens auf diesem Planeten. Da ist kein Platz für Scham, und es besteht keine Notwendigkeit dafür.

Die vier karmischen Kategorien sind einfach und springen ins Auge. Es sind *Krankheiten (dis-eases), Beziehungen, Lebenssituationen* und *Charakterzüge* oder *negative Gewohnheiten*. Es ist ziemlich leicht, sich sein jetziges Leben anzuschauen und darin ein paar Dinge aus jeder Kategorie zu finden, die bearbeitet werden müssen. Worauf es beim karmischen Ausgleich ankommt, ist nicht nur die Identifizierung der Probleme in diesem Leben, sondern die Identifizierung der Wiederholungsmuster in früheren Leben und ihrer Ursprünge in den Leben, als die Muster anfingen, sich zu bilden. Da wir unzählige frühere Leben auf der Erde verbracht haben - nach Meinung einiger Forscher sind es Tausende - und zahllose mehr auf anderen Planeten, scheint die Aufgabe, den Ursprung von irgendetwas zu lokalisieren, nahezu unmöglich zu sein.

Das trifft nicht zu. Die Herren des Karma sind bereit, dass wir in diesem Leben alles oder das meiste unseres irdischen Karmas bereinigen. Das Karma von anderen Planeten ist selten für unsere irdische Akasha-Chronik relevant und wird nicht oft einbezogen. Wenn wir darum bitten, die Ursache einer Schwierigkeit in diesem Leben zu verstehen oder zu heilen, wird uns das Leben enthüllt, das wir uns anschauen müssen. Die Tatsache, dass uns karmische Befreiung in diesem Leben gewährt wird, hat den Prozess sehr leicht gemacht. Die Wesen, die unser Karma auf der Erde festsetzen, sind jetzt bereit, dass wir es heilen, und helfen uns gern auf alle erdenkliche Weise, wenn es um Methoden und Techniken geht. Karmische Gnade ist ein Teil der Erdveränderungen und der Heilung des Planeten.

Krankheiten (dis-eases)

Die erste Kategorie oder Art von Karma schließt physische oder nichtphysische Krankheiten oder Zustände ein. Daran denken die Menschen wahrscheinlich sofort, wenn sie sich von einer negativen Situation in diesem Leben befreien wollen. Eigentlich sollte man sich damit zuletzt an die Herren des Karma wenden, da zuerst alle emotionalen und mentalen Ursachen der Krankheit bereinigt werden müssen, bevor sie eine Befreiung gewähren. Jede Krankheit hat ihre emotionale und/oder mentale Komponente oder Ursache. Manche Krankheiten können nicht geheilt werden - der Schaden, den die Krankheit am Körper angerichtet hat, ist zu groß. Aber wenn sonst nichts gewährt wird, so kommt die Krankheit doch in kommenden Leben nicht wieder. Es kann auch sein, dass der Kranke sich besser fühlt oder teilweise geheilt wird, wenn eine vollständige Heilung nicht erlangt werden kann.

Krankheiten schließen in dieser Kategorie auch jene Zustände ein, die sich noch nicht auf der Ebene des Körpers zeigen. Ich habe mit Menschen gearbeitet und ihre mentalen und emotionalen Schwachstellen geheilt und positive Veränderungen erreicht. Die Ergebnisse haben mir gezeigt, dass absolut nichts im menschlichen Leben hoffnungslos ist. Bei physischen Krankheiten scheinen die mittelschweren Leiden am leichtesten zu heilen zu sein. Bitte nicht um Heilung für eine Erkältung, eine Grippe oder eine Hautverletzung, da sich dies nicht ausweitet und keiner Unterstützung durch Engel bedarf. Auf der anderen Seite mag jemand, der mit einem Körperfehler geboren ist, keine Veränderung herbeiführen können. Ich habe optimistisch stimmende Ergebnisse bei folgenden Leiden erlebt: Muskelschwund, Verbiegung der Wirbelsäule, Konzentrationsschwäche, multiple Persönlichkeit, chronische Schlaflosigkeit, Unfähigkeit, die Gedanken zur Ruhe zu bringen, Tumore, Allergien, die seit Geburt bestanden, Verletzungen und nicht heilende Knochenbrüche, Besessenheit, Bindegewebsschmerz, chronische Müdigkeit und chronische Rückenschmerzen. Man möge nicht vergessen, dass es sich hier nicht um medizinische Heilungen handelte, aber wenn karmische Auflösung gewährt wird, kann sich eine Wendung zum Besseren einstellen.

Beziehungen

Die nächste Kategorie und Heilung von Karma sind Beziehungen. Unsere Partner in diesem Leben sind in vielen anderen Inkarnationen bei uns gewesen, und wir haben ihnen gegenüber Verhaltensmuster aufgebaut, die vielleicht durchaus nicht alle positiv sind. Die Verwirrungen, schwierigen Situationen und der übrig gebliebene Schmerz jedes Lebens müssen geklärt werden. Das Problem in einem spezifischen Leben mag nichts mit der Beziehung an sich zu tun haben, sondern mit den Traumata eines früheren Lebens oder Todes. Umstände wie ein traumatischer Tod oder eine Trennung in einer früheren Inkarnation können vielleicht ein Hindernis für Seelengefährten sein, einander in diesem Leben zu akzeptieren. Der eine oder beide fürchten vielleicht unbewusst eine Wiederholung des Traumas. Die Schwierigkeiten in der Ehe oder Beziehung der Gegenwart stammen vielleicht aus der Missachtung, den Fehlurteilen, der Untreue oder den Missverständnissen in früheren Leben. Wahre Seelengefährten haben viele Leben mit zahllosen Gelegenheiten, Liebe und Schwierigkeiten zu erfahren, miteinander verbracht. Jetzt ist die Zeit da, die Vergangenheit zum Wohle einer friedlichen Gegenwart und Zukunft aufzuarbeiten und zu heilen.

Beziehungen mit anderen, die *nicht* Seelengefährten sind, bedürfen auch der Heilung. Dies sind unsere Kinder, Eltern, Geschäftspartner, Kollegen, Lehrer, Freunde, andere Verwandte und Menschen, die uns verletzt oder Leid zugefügt haben. Eltern und Kinder können uns die größten karmischen Lektionen erteilen und eine Herausforderung für uns sein wie auch Menschen, die uns verletzt haben. Da wir uns in Gruppen inkarnieren und Rollen untereinander austauschen, sind unsere Eltern in diesem Leben vielleicht in anderen Inkarnationen unsere Kinder, Lehrer, Freunde oder Feinde gewesen. Wer uns in diesem Leben verletzt hat, hat uns vielleicht auch früher verletzt. Wie bei unseren Seelenpartnern haben wir mit jedem, der uns nahesteht oder uns jetzt in positiver oder negativer Weise wichtig ist, eine lange karmische Geschichte. Schaut man sich die Ursache der Spannung zwischen zwei Menschen an, so kann das sehr viel zum Verständnis beitragen, warum es die Spannung gibt. Oft genügt es, die Ursache dafür in einem früheren Leben nur zu erkennen, um sie zu bereinigen und zu verhindern, dass sie bestehen bleibt.

Ich habe es für wichtig gehalten bei jeder engen Beziehung mit oder ohne Reibung, um „vollständige karmische Heilung“ zu bitten. So werden alle Probleme aufgelöst, obwohl sie vielleicht noch nicht alle enthüllt worden sind, und die Beziehung wird sich weit spannungsfreier weiterentwickeln. Es ist sehr nützlich, dies insbesondere bei seinem Partner, den Eltern, Kindern und Geschäftspartnern zu tun. Ein Gramm Vorbeugung - selbst bei einer harmonischen Beziehung - kann ein Pfund Heilung bringen. Wo immer es einen Konflikt zwischen zwei Menschen oder sogar innerhalb einer Gruppe gibt, kann die Kenntnis der Ursache Heilung herbeiführen.

Es ist jedoch notwendig zu bemerken, dass Heilung nur *dir* gegeben werden kann, wenn du um Heilung bittest, die eine andere Person einschließt. Die andere Person muss persönlich darum bitten, wenn sie es möchte. Wenn du um die Heilung einer Beziehung bittest, bittest du, dass dein Teil daran geheilt wird - und das reicht gewöhnlich aus. Der Versuch, irgendjemandes Karma ohne dessen Zustimmung und Teilnahme zu verändern, ist ein grober Fehler, ein unerlaubter moralischer Verstoß, der negative karmische Konsequenzen mit sich bringt.

Lebenssituationen

Die dritte Kategorie von Karma und karmischer Veränderung sind Lebenssituationen. Wenn man zum Beispiel sein ganzes Leben lang schwer gearbeitet hat, aber immer noch mit der Armut kämpft, ist der Grund sicherlich karmisch. Indem man das frühere Leben, als es mit der Armut anfing, findet, beginnt man vielleicht zu verstehen, was man daraus zu lernen hat, und wenn man es gelernt hat, kann es sich auflösen und verändern. Du magst herausfinden, dass du arm bist, weil du deinen Reichtum in einer früheren Inkarnation missbraucht hast. Du magst herausfinden, dass du arm bist, weil Schuldgefühle in diesem Leben oder in einer früheren Inkarnation dich davon überzeugt haben, dass du es verdienst, arm zu sein. Diejenigen, die Nonnen oder Mönche in der Vergangenheit waren und ein Armutsgelübde abgelegt haben, müssen vielleicht diese Gelübde entdecken und auflösen. Oft wirkt eine Entscheidung, die unter den Bedingungen eines früheren Lebens positiv war, in die Gegenwart hinein, wobei sie nun nicht länger positiv ist. Dies kann auch in unserem gegenwärtigen Leben der Fall sein, wenn eine von einem Kind getroffene und zu seiner Zeit günstige Entscheidung vielleicht für den Erwachsenen nicht mehr nützlich oder sogar schädlich ist. Die Entscheidung eines Kindes, die Erinnerung an ein Trauma, mit dem es nicht umgehen kann, zu unterdrücken, kann emotionales Überleben für das Kind bedeuten, aber seine Psyche und Entwicklung, wenn es erwachsen ist, zugrunde richten. Der Erwachsene kann mit der Erinnerung umgehen und sie heilen, aber um damit zu beginnen, muss er eine Vorstellung davon haben. Dasselbe trifft zu für Traumata aus früheren Leben, und im Falle negativer Lebenssituationen ist dies oft der Mechanismus, sie zu entdecken und zu heilen. Wenn deine negative Situation in diesem Leben begann, wird die Frage nach der Ursache auch jene Information ans Tageslicht bringen, und karmische Heilung wird die Auflösung bringen.

Negative Charakterzüge und Gewohnheiten

Die vierte Kategorie, die durch karmischen Ausgleich gereinigt werden kann, besteht aus negativen Wesens- oder Charakterzügen und schlechten Gewohnheiten. Ich habe diesen Prozess dazu benutzt, Frauen zu helfen, das Rauchen aufzugeben, und obwohl sie noch daran arbeiten mussten und mit der Entgiftung ihres Körpers zu tun hatten, war der Vorgang viel leichter und schneller, als er sonst gewesen wäre. Phobien fallen auch unter diese Kategorie. Die meisten davon kommen direkt aus einem früheren Leben, und wenn man die Ursache versteht, verschwinden sie oft sofort. Die Frau, die sich vor Wasser fürchtet, ist wahrscheinlich in einem oder vielen früheren Leben ertrunken. Jemand mit Höhenangst ist vielleicht durch einen Sturz von oben zu Tode gekommen oder hat sich schwer verletzt. Anorexie mag die Folge eines Hungertodes in der Vergangenheit sein; die Ursache von Anorexie bei mehreren Frauen war Tod durch Verhungern in einem Konzentrationslager.

Träume, die sich wiederholen, sind auch oft karmisch. Sie können Fragmente einer Situation aus einem früheren Leben an die Oberfläche bringen, damit wir uns ihrer bewusst werden und sie heilen können. Oft scheint der Traum sinnlos zu sein, bis man die Herren des Karma nach der Ursache fragt und um Auflösung bittet. In einem Fall hatte eine Frau einen Traum, in dem sie unter der Erde war, allein und ängstlich. Die Ursache lag in einem vergangenen Leben. Sie war ein Bergmann gewesen, der zur Erforschung einer Höhle allein zurückgelassen worden war. Sein Kumpel war gegangen, und die Leiter, die zum Seil Zugang bot, war hinuntergefallen; sie war in der Höhle gefangen und starb schließlich dort. Der Kumpel, der sie da verließ, ist jetzt ihr Geliebter. Als die Erinnerung sich einstellte, verschwand der Traum, der sie jahrelang verfolgt hatte, und ihre Beziehung verbesserte sich sehr.

Ein negativer Charakterzug, den zu beseitigen viel Mühe macht, kann aufgelöst werden, wenn man Karmaheilung als Methode einsetzt. In meinem eigenen Fall bat ich darum, mir zu helfen, anderen nicht immer ins Wort zu fallen. Ich musste es lernen, sie aussprechen zu lassen, bevor ich antwortete. Ich hatte jahrelang ohne Erfolg versucht, diese Gewohnheit abzulegen, aber eine Bitte um karmische Auflösung machte dem auf Dauer ein Ende. Andere Beispiele sind Manierismen wie Mit-den-Haaren-spielen oder An-den-Fingernägeln-beißen. Die meisten von uns haben solche Angewohnheiten.

Eine Freundin hatte große Probleme, ihr Haus in Ordnung zu halten. Ihr Kühlschrank war immer voll verdorbener Reste, die sie nie zu essen pflegte, und sie hatte eine Abneigung davor, Lebensmittel einzukaufen und zu kochen, und ging dem aus dem Weg. Sie und ihre Kinder gingen in einen Schnellimbiss essen, obwohl sie wusste, dass das nicht gut war. Als sie um Hilfe bat, wandten wir uns an die Herren des Karma. Der rote Faden schien Nahrung zu sein, und wir baten darum, die Ursache ihrer Nahrungsprobleme zu sehen. Es wurden ihr mehrere frühere Leben gezeigt, in denen sie entweder eine Hausgehilfin gewesen war, die nur Reste hatte essen dürfen, oder sie hatte die Aufgabe gehabt, eine Mahlzeit nach der anderen für große Mengen von Menschen zu kochen. Sie war Koch in einer Armee gewesen und für Arbeiter auf einer großen Farm. Sie hatte viele Leben lang die Häuser anderer geputzt, ohne viel Dank zu erhalten. Nachdem sie sich die früheren Leben angeschaut und den damals angerichteten Schaden aufgelöst hatte, ließ ihr Widerstand gegenüber Hausarbeit beträchtlich nach. Man sagte uns, er würde allmählich verschwinden.

Die vier Kategorien - Krankheiten, Beziehungen, Lebenssituationen und Charakterzüge oder schlechte Gewohnheiten - bieten einen Rahmen, der es einem ermöglicht, die meisten Bereiche negativen Karmas zu verstehen und zu bereinigen. Die im vorherigen Kapitel angeführte Meditation ist ein Anfang. Der ganze Prozess wird ein wenig später in diesem Buch behandelt werden. Es ist zunächst wichtig zu verstehen, wie und auf welche Weise Karma funktioniert, bevor man den Versuch unternimmt, eine Änderung bei sich herbeizuführen.

Der Prozess der Wiedergeburt

Das Wissen, wie Karma von einem Leben auf das andere übertragen wird und wie karmische Entscheidungen für jedes Leben getroffen werden, ist außerordentlich wichtig, um karmische Probleme zu heilen. Wir sind viel mehr als unsere physischen Körper. Die meisten unserer Selbste und Leben sind außerhalb unserer physischen Ebene aktiv. Wir sind uns dessen aus zwei Gründen nicht bewusst. Zum Zeitpunkt unserer Geburt wird „der karmische Schleier" gezogen, und wir vergessen unser außerkörperliches Leben und frühere Leben. Es gibt dafür einen guten Grund: Wir müssen lernen, uns voll auf die Aufgaben des gegenwärtigen Lebens zu konzentrieren, ohne durch Vergleiche und Ablenkungen gestört zu werden. Irgendwie scheint dies ganz und gar unfair zu sein, wenn man bedenkt, wie schwierig es ist, auch nur einen kleinen Einblick in frühere Leben und die Seele zu bekommen. Wenig oder nichts von dieser quälenden Information steht uns während der meisten unserer Inkarnationen auf der Erde zur Verfügung.

Der andere Grund ist der Einfluss – zumindest im Westen - der herrschenden religiösen Autoritäten. Der Katholizismus und Protestantismus waren in vergangenen Jahrhunderten Staatsreligionen, und ihr eigentliches Anliegen war eher, Macht und Kontrolle über Menschen auszuüben, als Spiritualität. Die Massen konnten besser in Abhängigkeit gehalten werden, wenn sie sich wegen jeder religiösen Angelegenheit an die Priester zu wenden hatten, und die Priesterschaft wurde sowohl von der Kirche als auch der Regierung beherrscht. Wenn die Lehre festsetzte, dass das Heil der Seele in einem Leben gewonnen werden musste oder verloren gehen konnte, wie man es den Menschen sagte, die von Reinkarnation nichts wussten, gerieten sie mehr und mehr in Abhängigkeit und Angst. Bildung wurde allen vorenthalten außer dem männlichen Adel und einigen Kirchenleuten, um diese Abhängigkeit von Kirche und Staat zu verstärken. Die Strafe für unabhängiges Denken konnte auch sehr streng sein - die Kreuzzüge und die Inquisition bestanden auf Einhaltung der strengen Lehre, und die einzige Alternative war der Tod. Einige bedeutende Frauen wie Teresa von Avila und Hildegard von Bingen machten eine Gratwanderung zwischen Heiligkeit und Hinrichtung, aber viele andere überlebten nicht.

Die Juden in Europa wurden in vollständiger Unfreiheit gehalten. Die jüdische wie die christliche Lehre behauptete, dass Fragen der Spiritualität das Verständnis der Massen überstiegen. Obwohl viele jüdische Männer gebildeter waren als ihre nicht jüdischen Gegenspieler, so hatten Frauen überhaupt keine Bildung. Tiefes Nachdenken über Themen wie Tod, Karma und Reinkarnation wurde den esoterischen Kabbalisten überlassen, und nur wenige kannten sich in ihren Lehren aus.

Neun Millionen frei denkender Hexen wurden während der Inquisition verbrannt. Alles Wissen, das sie möglicherweise über Tod und Reinkarnation gehabt hatten, ging verloren, zusammen mit ihrer Heilkunst und den Techniken, die sie kannten. Das Vorhandensein außersinnlicher Fähigkeiten war Grund genug, während der Inquisition auf dem Scheiterhaufen zu sterben, und das Wissen darüber ist auch bis vor kurzem unterdrückt worden. Es ist eine Ironie, dass wir im Namen der Religion unser Wissen von dem, was wir sind, verloren haben. Diese fundamentale Zensur war und ist ein klarer Fehler jener, die die heiligsten Güter verwalten. Hoffentlich ändert sich das und das Wissen kehrt in das New Age zurück.

Informationen bezüglich Tod, Wiedergeburt, Reinkarnation und Karma, die uns heute wieder zugänglich sind, stammen hauptsächlich aus zwei Quellen. In den Zwanziger Jahren traten Helena Blavatsky und die von ihr gegründete Theosophische Gesellschaft auf, die am Buddhismus und Hinduismus interessiert waren. Die Theosophie, die immer noch aktiv ist, öffnete den Westen für die reiche Spiritualität Indiens und Tibets. Übersetzungen und Auslegungen insbesondere buddhistischer Texte und Philosophie sind in den vergangenen siebzig Jahren erschienen, und aus dem Interesse entwickelte sich die Theosophie. Charismatische Lehrer wie der Dalai Lama und verschiedene Gurus, die in den Westen gekommen sind, haben viele Menschen dazu inspiriert, mehr zu erfahren.

Die andere Informationsquelle bezüglich Wiedergeburt sind hypnotische Rückführungen, Rückführungen in vergangene Leben, Nah-Tod-Berichte und die Meditationsarbeit vieler Menschen. Die Literatur, die den Prozess von Tod und Wiedergeburt und dem Stadium-zwischen-den-Leben beschreibt, nimmt ständig zu. Wenn so viele verschiedene Sucher zu Erkenntnissen kommen, die die Nachforschungen jedes Einzelnen ergänzen, kommt es zur Entwicklung eines lebensfähigen Informationsbestandes. Diese wachsende Information und meine eigenen außersinnlichen Forschungen sind die Basis des folgenden Materials. Eine weitere Quelle ist Dr. Michel Newtons Buch *Reise der Seelen (Journey of Souls)*, das über die Sitzungen einzelner Personen berichtet, die unter Hypnose zu diesen Themen Stellung nehmen.

Wenn ein Mensch stirbt, trennen sich die nicht-physischen Aspekte des Wesens von den physischen. Der Körper bleibt da, wird begraben oder eingeäschert, aber die nichtphysischen „Selbste" kehren zu den Seelenwelten zurück, woher sie bei der Geburt dieses Menschen kamen. Wenn man vom Zerreißen der Silberschnur spricht, so meint man damit die Trennung der unsichtbaren Energieebenen vom physischen Körper im Augenblick des Todes. Die Chakren auf der Hara- und Kundalini-Linie hören auf, Energie durchzulassen. Der Ätherkörper stirbt mit dem physischen und wird abgelegt - seine Aufgabe, die Lebenskraft in das physische Wesen zu bringen, hat sich erledigt. Der ätherische Doppelgänger stirbt nicht, sondern steigt auf, um mit dem astralen Zwilling auf der Ebene des Emotionalkörpers zu verschmelzen.

Der Emotionalkörper zieht sich nach oben zurück, und seine Energie wird vom Mentalkörper und dem Geistgitter absorbiert. Emotionale Verletzung stellt sich im Mentalkörper als ein Energiemuster dar und wird dort festgehalten, um zu reinkarnieren, wenn die Seele ein neues Leben wählt. Negative mentale Muster und Gedankenformen werden auch auf dieser Ebene gespeichert und erinnern an Computerkodierungen. Ungeheilte Verletzungen des emotionalen und mentalen Körpers werden in der Schwingung des Mentalkörpers festgehalten und gehen in das Makeup der neuen Inkarnation ein. Sie werden nicht im Stadium-zwischen-den-Leben geheilt, da eine in einer Inkarnation verursachte Verletzung nur geheilt werden kann, während die Seele in einem Körper inkarniert ist. Dies ist der Ort, wo Karma entsteht. Der astrale Zwilling bewegt sich durch die emotionale und mentale Ebene und wird vom Höheren Selbst im spirituellen Körper absorbiert; das Kleinkind- und das Kind „selbst“ wachsen zur Reife der Jungfrau heran.

Der spirituelle Körper, der die kodierte Information und Vibration der emotionalen und mentalen Ebene und die „Selbste“ in sich trägt, steigt dann zur Ebene des Essenz-Selbst auf und wird von ihm absorbiert. Wenn die Körper verschmelzen, schließt sich das Höhere Selbst dem Essenz-Selbst an; die Jungfrau wird zur Mutter. Das Essenz-Selbst, das sich auf der unteren Ebene des Kausalkörpers befindet, ist das Aggregat all der vielen Inkarnationen der Seele, und das in all den Inkarnationen angesammelte Wissen ist hier gespeichert. Dies ist die Ebene der Engel. Die Essenz- und Gott-(Göttin) Selbste aller Menschen sind Engel. Engel sind weder ein christliches Konzept, noch ein anderer Name für geistige Führer (die uns von der Ebene des spirituellen Körpers erreichen). Wir alle sind Engel.

Die Akasha-Chronik, der Seelenbericht über all die vielen Leben eines Menschen, ist auf der unteren Ebene des Kausalkörpers. Vielleicht ist diese Seelenebene die Akasha-Chronik selbst. Es ist das Essenz-Selbst, der Mutter-Aspekt, der entscheidet, welche Lebenslektionen aus der vergangenen Inkarnation gelernt worden sind und was in zukünftigen Leben noch gelernt werden muss. Der Mensch stellt sich nicht einem Urteil, sondern einer Einschätzung und Bewertung. Alle Körper und Selbste haben sich bis zu diesem Punkt mit dem unteren Kausalkörper und dem Essenz-Selbst vereinigt, aber das Essenz-Selbst bleibt autonom, und es gibt keine höhere Vereinigung mehr. Die Herren des Karma verrichten ihre Arbeit von der Ebene unseres Essenz-Selbst und der Akasha-Chronik, aber sie treten über den Mentalkörper in unser Körper-Bewusstsein ein.

Der Seelenkern oder die Überseele auf der höheren Ebene des Kausalkörpers ist ein Aggregat der Essenz-Selbste und eigentlich eine Gruppenseele oder eine Gruppe von Seelen. Der Seelenkern ist das Gott-(Göttin) Selbst, die Weise Alte als göttlicher Aspekt. Die Überseele oder das Gott-(Göttin) Selbst inkarnieren sich nicht; es ist das Essenz-Selbst, das sich in viele Leben aufteilt. Jedes Essenz-Selbst, das von einer Inkarnation zurückkehrt, bringt Information und Wissen über das Leben im Körper zum Seelenkern zurück. 29 bis 30 Essenz-Selbste partizipieren an einem Gott- (Göttin) Selbst/einem Seelenkern, das die Rolle eines Lehrers oder Aufsehers für die Essenz-Selbste in ihrer Obhut hat. Wenn jedes Essenz-Selbst seine spirituelle Entwicklung vollendet und alle erforderlichen Inkarnationen durchlaufen hat, trennt es sich von der Gruppe und wird ein neues Gott-(Göttin) Selbst, das andere Essenz-Selbste zu führen und zu betreuen hat.

Der Prozess des Aufstiegs zum Essenz- und Gott/Göttin-Selbst findet im Stadium-zwischen-den-Leben statt. Es geschieht nicht unmittelbar nach dem Tod, sondern schreitet von einer vorbereitenden Stufe zur anderen fort. Die Länge der Zeit, die auf jeder Stufe verbracht wird, ist individuell und hängt davon ab, wie die Seele auf jeder Stufe ihre

Erfahrungen im vergangenen Leben assimiliert, und von ihrem Wunsch, Fortschritte zu machen. Die Zeit, die im Stadium-zwischen-den-Leben verbracht wird, ist mit einem Studium an einer Universität verglichen worden. Das gerade beendete Leben wird analysiert und bewertet; es wird mit anderen früheren Leben verglichen, und es werden Entscheidungen getroffen im Hinblick darauf, welche Erfahrungen beendet worden sind und welche noch in einem Leben gemacht werden müssen. Eine Seele braucht nicht zur Ebene des Essenz-Selbst aufzusteigen, um sich wieder inkarnieren zu können, sondern nur zur Ebene des spirituellen Körpers. Von dort kann sie zum Essenz-Selbst und zum Gott/Göttin-Selbst/zur Überseele aufsteigen oder sich in einen neuen physischen Körper inkarnieren. Eine Seele kann zur Entwicklungsebene des Essenz-Selbst aufsteigen und sich doch noch reinkarnieren, gewöhnlich als hochentwickeltes Wesen im Dienste des Planeten. Wenn man zur Ebene des Göttin-Selbst/Überseele/Seelenkerns fortgeschritten ist, wird man sich nicht reinkarnieren.

Die Entscheidung sich zu reinkarnieren, wird vom Essenz-Selbst getroffen, das dann einen Teil seines Wesens zurück durch den Prozess schickt. Bis zu sechs Inkarnationen von einem Essenz-Selbst können gleichzeitig im Körper sein, obwohl sie sich selten begegnen. Seelengefährten, die ihre Lernaufgaben miteinander erfüllt haben und immer noch zusammen bleiben wollen, können als ein einziger Strang vom Essenz-Selbst inkarnieren, der dann in zwei Inkarnationen geteilt wird. Wenn ein Paar die Erlaubnis erhält, sich dauerhaft und ewig zu verbinden, verschmelzen die zwei Seelen in eine. Sie sind „ins Licht versiegelt“ und können sich dann in einem Körper zusammen inkarnieren, haben aber zwei getrennte Bewusstsein. Dies ist eine Segnung, eine Vollendung und ein großes Geschenk, da alle Seelen ursprünglich als verbundene Paare gebildet wurden.

Da der untere Kausalkörper die Akasha-Chronik enthält, entscheidet das Essenz-Selbst, welche hauptsächlichen Lektionen die Seele in ihrer nächsten Inkarnation lernen und welche Erfahrungen sie machen muss. Wenn die grundsätzlichen Entscheidungen getroffen sind, steigt die Seele zur Ebene des spirituellen Körpers herab, wo sich das Höhere Selbst vom Essenz-Selbst trennt und individualisiert. Das Höhere Selbst der neuen Inkarnation arbeitet dann mit den Herren des Karma daran, die Bedingungen und Situationen des bevorstehenden Lebens zu entwerfen. Dazu gehört vielleicht die Wahl von Eltern, die der Seele einen Ausgangspunkt geben, damit sie die beschlossenen Lektionen erfüllen kann, und von Lehrern, die das Ziel ihres Lebens beeinflussen und sie auf den spirituellen Weg bringen werden. Wie dieser Weg beschaffen sein wird, wer ihr Partner und wie die Umstände ihrer Beziehung sein werden, wo sie leben wird, welcher Rasse und welchem Geschlecht sie angehören wird in der Inkarnation, wird auch zu diesem Zeitpunkt entschieden. Der Dienst, den die Seele der Menschheit und dem Planeten erweisen wird, wird ausgewählt, wenn er nicht schon vom Essenz-Selbst festgelegt worden ist, und es wird entschieden, wie dieser Dienst am besten durchgeführt werden kann.

Behinderungen und schwierige Lebensumstände sind Herausforderungen, die so angeordnet werden, dass sie einen spezifischen Zweck der Lektion dieses Lebens erfüllen oder einen Teil davon bilden. Die Traumata, Leiden, Verletzungen, negative Gedankenformen, unerledigte Beziehungsprobleme und seelische Schäden, die aus früheren Leben zurückgeblieben sind, werden ebenso berücksichtigt wie andere ungelöste Angelegenheiten aus anderen Leben, die in der Akasha-Chronik der Seele aufgeführt sind. Einiges davon muss in dem bevorstehenden Leben geheilt werden, während andere unerledigte Dinge für zukünftige Leben zurückgehalten werden. Was im bevorstehenden Leben bearbeitet werden muss, bleibt da, wenn der mentale und emotionale Körper sich von der Ebene des spirituellen Körpers trennt, um in der neuen Inkarnation aktiv zu werden. Was im neuen Leben nicht erscheinen muss, kehrt zum zukünftigen Gebrauch in die Akasha-Chronik zurück.

Alle Wahlen und Entscheidungen, die für ein bevorstehendes Leben getroffen werden, erfolgen mit der Zustimmung der Seele, die diese Erfahrung machen soll.

Die Entscheidungen werden mit großer Sorgfalt getroffen, und alle mögliche Hilfe wird von den Geistführern, dem Höheren Selbst, dem Essenz-Selbst, dem Gott-Selbst und den Herren des Karma gewährt. Während wir keine Erklärung dafür haben, dass Menschen tatsächlich die Leiden, die sie erfahren werden, wählen, so müssen wir uns daran erinnern, dass die Wahl hier auf einer Seelenebene vor sich geht, wo Leiden lediglich bedeutet, dass spirituelles Wachstum eintritt und Lektionen erfüllt werden. Auf diesen Ebenen gibt es kein Leid, und so wie die Menschen bei ihrer Geburt die Seelenwelten vergessen, vergessen die Seelen, wenn die Körper einmal sterben, was Leiden im Körper bedeutet. Wir stimmen den Lernaufgaben unseres Lebens zu, aber wählen nicht immer die Erscheinungsform dieser Aufgaben. Das sind Entscheidungen, die auf nichtbewussten Ebenen zu unserem Besten oder der notwendigen Evolution getroffen werden.

Zu dieser Zeit hat die Seele ihren neuen Körper gewählt und ist bereit, in ihn einzutreten, wenn der Fötus bereit ist, geboren zu werden. Sie besucht ihn vielleicht in ihrem Astralkörper, sobald sich das „Selbst" vom Höheren Selbst trennt und die neue emotionale Ebene sich entwickelt. Während der Fötus sich im Leib der Mutter entwickelt, kann die Seele in ihn ein- und austreten, aber bis zur Geburt tritt sie nicht vollständig in ihn ein. Vor der Geburt steigt sie nur bis zum astralen Zwilling herab, da der Ätherkörper und der ätherische Doppelgänger weder gelöst noch vor der Entbindung aktiviert werden.

Wenn die Seele in ein neues Leben eintritt, steigt das Höhere Selbst von den Ebenen des spirituellen Körpers zum Mentalkörper herab, der sich neu organisiert. Das Geistgitter bildet den Mentalkörper der neuen Inkarnation, überträgt das beschlossene Karma und führt dann die Trennung des emotionalen Körpers herbei. Der astrale Zwilling trennt sich vom Höheren Selbst und lässt sich auf der neuen emotionalen/astralen Ebene nieder. Bei der Geburt trennt sich der ätherische Doppelgänger vom astralen Zwilling und aktiviert dann seinerseits den Ätherkörper und die ätherischen Kundalini-Chakren. Die Verbindung des ätherischen Doppelgängers mit dem Körper und die Aktivierung des Ätherkörpers geschieht durch den Vagusnerv, der zum autonomen Nervensystem des physischen Körpers wird.

Die Chakren auf der Hara-Linie werden bei der Geburt zusammen mit den ätherischen Chakren auch aktiviert. Das geschieht durch die Trennung des ätherischen Doppelgängers vom astralen Zwilling und der darauf folgenden Trennung der Energielinien. Der ätherische Doppelgänger bleibt von jetzt an dauernd dicht am physischen Körper, während der astrale Zwilling sich während der Kindheit und das ganze Leben hindurch frei in den Körper hinein und heraus bewegt. Die beiden „Selbste", das ätherische und das astrale, sind auf der Rückseite des Herzchakras miteinander verbunden, und die anderen Persönlichkeits-„selbste" schließen sich in einer aufsteigenden Reihe ihnen an. Diese Verbindung der „Selbste" und Körper ist die Silberschnur.

So folgt auf das Ende eines Lebens die Rückkehr in die Inkarnation, und das Rad von Wiedergeburt und Karma beginnt aufs neue.

Die Herren des Karma

Wer sind die Herren des Karma und warum helfen sie uns, jetzt unsere karmischen Schulden zu bezahlen und Muster aufzulösen? Es scheint, dass es sehr wenige Berichte über diese Wesen gibt, aber wir wissen, dass sie sowohl in indischen Schriften als auch im Alten Testament der Juden erwähnt worden sind. Im Judentum werden sie Lipikas genannt, Engel, die das Buch des Lebens schreiben. Wenn das Alte Testament am Anfang das Gericht besonders betont, dann ist das karmische Urteil gemeint, und dies trifft wahrscheinlich auch auf das Neue Testament und die Offenbarungen zu. Jesus ging aus einer hebräischen esoterischen Tradition hervor, den Essenern, die eine enge Verbindung mit dem frühen Mahayana Buddhismus gehabt haben könnten. Er hat vielleicht auch eine Ausbildung in Ägypten, Indien und Tibet erhalten. Ursprünglich gab es das Konzept von Karma und Reinkarnation im Christentum, und die frühen Christen hatten sicher Kenntnis von den Herren des Karma. Im Buddhismus und Hinduismus erscheint Karma direkt als Strafe und Lohn, die man sich für seine Taten oder Bindungen (Gefühle) verdient hat. Wie man sie in einem Leben angesammelt hat, so kehren diese Taten und Bindungen in der nächsten Inkarnation zur Seele zurück zum Guten oder zum Bösen, „was man sät, wird man ernten". Diese Version des Karmagesetzes ist unerbittlich. Was man tut, kehrt zu einem zurück, was oft sehr weh tut, und es lässt sich nicht vermeiden, dass Leben Leiden ist. Die Herren des

Karma fällen das Urteil und setzen die Strafe fest, und unsere Bitten lassen sie kalt. Die einzige Rettung für den Einzelnen - wird diese Philosophie zugrundegelegt - ist, die Lektion zu vervollständigen und weiteres Karma, positiv oder negativ, zu vermeiden. Es ist unvollendetes Karma, das eine Reinkarnation erforderlich macht, wobei das letzte Ziel die Befreiung vom Rad der Wiedergeburt ist.

Gläubige Hindus lehnen es ab, jemandem als Heiler zu helfen, aus Angst, sie könnten dadurch mit dieser Person eine wie auch immer positive karmische Verbindung eingehen. Sie haben auch das Gefühl, dass sie, wenn sie jemanden heilen, in das Karma dieser Person eingegriffen haben, woraus sich für sie die Notwendigkeit ergibt, das Leiden in einer weiteren Inkarnation zu wiederholen, um es zu beenden. Sie helfen einer hungernden oder auf den Straßen Calcuttas sterbenden Person gewöhnlich nicht, weil sie glauben, dass sie in das für diese Person erforderliche Schicksal eingreifen würden. Mein eigenes Verständnis von Heilung und Karma ist, dass der Heiler nur ein neutraler Kanal für den göttlichen Willen ist, wenn jemandem Hilfe zuteil werden soll.

Der Buddhismus ist sanfter und mitfühlender, obwohl er dasselbe Ziel hat wie der Hinduismus, nämlich sich vom Rad der Wiedergeburt zu befreien. Nach buddhistischer Auffassung befreit das Verständnis vom Wirken der Kräfte in der Welt und von der Tatsache, dass Karma und die reale Welt durch den Geist (Mentalkörper, Geistgitter) erschaffen werden, einen Menschen von seiner Illusion und dem Zwang der Wiedergeburt. Dieses Verständnis wird Erleuchtung genannt, das höchste Ziel. Im frühen Theravada Buddhismus ging ein Mensch, der Erleuchtung erlangt hatte, ins Parinirvana ein, in das Nichts der Leere, und kehrte niemals wieder zur Erde oder einer Inkarnation zurück. Der spätere Mahayana Buddhismus enthielt das Konzept des Bodhisattva: Diejenigen, die Erleuchtung erlangt hatten, hatten die Wahl, zurückzukehren und anderen zu helfen, Freiheit zu erlangen. Keiner verlässt die Erde auf Dauer, bis alle sie verlassen haben. Jesus war wahrscheinlich mit dem Mahayana Buddhismus vertraut, was aus seinen Lehren hervorgeht, und er war mit Sicherheit ein Bodhisattva. Die in diesem Buch vorgestellten Techniken - obwohl nicht buddhistisch - können jedem Einzelnen auf dem Weg helfen, das Karma aller anderen aufzulösen.

Das Judentum bietet das bekannteste Beispiel dafür, wie die Herren des Karma arbeiteten. Für die Juden bedeutet das Neujahrsfest von Rosh Hashanah zur Herbst-Tagundnachtgleiche, dass die Akasha-Chronik oder jedermanns Buch des Lebens geöffnet wird. Zehn Tage lang ist das Buch geöffnet, während Gott und die Bericht erstattenden Engel das Leben der Menschen beobachten und ihr Schicksal für das kommende Jahr festlegen. In diesen zehn Tagen wird jedermanns Jahreskarma schriftlich fixiert, kann aber noch revidiert werden. Zehn Tage nach dem Neujahrsfest, an Yom Kippur, wird das Buch und damit das Schicksal versiegelt und liegt fortan unwiderruflich fest. Diskussionen über Gesetze und Rechtsprechung, die im Judentum geführt werden, basieren zum größten Teil auf karmischem Urteil und können recht streng sein.

Als ich den Herren des Karma zum ersten Mal begegnete, schienen sie so unversöhnlich (und durch und durch furchterregend) wie ihr Ruf zu sein. Während einer Heilsitzung, die ich vor ungefähr fünf Jahren hatte, wurde ich ihnen vorgestellt. Es gab da eine Angelegenheit in meinem Leben, wofür ich Hilfe brauchte, da alle von mir eingesetzten Techniken zu nichts geführt hatten. Die Heilerin wies mich an, um das Erscheinen der Herren des Karma zu bitten und sie dann zu fragen, welcher Art mein karmischer Vertrag in Bezug auf diese Angelegenheit war. Als ich der Anweisung nachkam, trat eine Reihe hoher, in schwarze Gewänder gekleidete Wesen in meine geistige Schau ein. Sie sagten nichts und schienen nicht sehr erfreut zu sein, dass ich um ihr Erscheinen gebeten hatte. Ich fragte nach dem Vertrag und erhielt kurz und bündig die erbetene Information.

Die Heilerin ließ mich fragen, ob der Vertrag so geändert werden könnte, dass Heilung möglich würde. Auf meine Frage hin wollten die Herren des Karma wissen, welche Änderung des Vertrags ich wünschte. Die Heilerin riet mir, bei der Formulierung der Bitte sehr vorsichtig zu sein, weil die Änderung, wenn man ihr zustimmte, unwiderruflich sein würde. Sie, ich, meine Geistführer und das astrale Selbst der am Vertrag beteiligten anderen Person erörterten, welchen Inhalt die Bitte haben sollte und die exakte Formulierung dieser Bitte. Als das entschieden war, bat ich wieder um das Erscheinen der karmischen Wesen und trug meine Bitte vor. Ich hörte das einzige Wort „gewährt", und dann verschwanden sie.

Die Heilerin sagte mir, dass man nur einmal im Leben diese Wesen kontaktieren solle, wenn es um Leben oder Tod ginge und alle anderen Möglichkeiten versagt hätten. „Verärgere sie nicht," warnte sie mich. „Du bist in eine Kultur mit relativer Freiheit, heißem Wasser und Toiletten mit Spülung hinein geboren. Du willst doch nicht das nächste Mal in Somalia verhungern." Zu diesem Zeitpunkt fürchtete ich mich ungeheuer, aber meine Bitte war erhört worden, und das vielfarbige Feuerwerk und die Regenbögen, die ich viele Nächte danach mit meinen geistigen Augen wahrnahm, bestätigten die Änderungen. Seit jener Zeit habe ich mich darauf konzentriert, die Heilung auf die irdische Ebene zu bringen, und sie ist jetzt auf allen anderen Körpern sichtbar geworden. Ist die karmische Auflösung einmal gewährt, geschieht dies meistens viel unmittelbarer.

Nach dieser ersten Begegnung war ich vorsichtig in Bezug auf eine erneute Kontaktaufnahme mit den Herren des Karma, aber wenn ich anderen Heilung gab, tat ich das gelegentlich. Wenn jemand mich mit einem Problem aufsuchte, das lebensbedrohlich war oder den Frieden des Lebens gefährdete und das auf andere Weise unlösbar schien, bat ich um karmische Auflösung. Es traten spektakuläre Heilungen ein, aber weil ich nicht wusste, wie ich die Auflösung in die Gegenwart bringen konnte, gab es viel mehr Fälle ohne Ergebnis. Der Karmische Rat schien immer noch sehr streng und niemals freundlich zu sein, deshalb bat ich nicht oft um sein Erscheinen.

Ein wenig mehr als vor einem Jahr, zur Herbst-Tagundnachtgleiche 1995, wenn das Buch des Lebens geöffnet wird oder möglicherweise weil es mein Geburtstag war, fing ich an, mich sehr intensiv um karmischen Ausgleich zu bemühen. Dieses Mal kamen die Herren des Karma zu mir, forderten mich auf, um das, was ich brauchte, „zu bitten" und das bei einer Vielzahl von Dingen immer wieder zu tun. Dies ereignete sich während einer überaus exakten medialen Durchgabe. Die Klientin wies sehr genau auf mehrere Punkte in früheren Leben hin, die noch bereinigt werden mussten. Ich kannte schon die meisten Leben und hatte mich bemüht, sie mit Hilfe anderer Methoden auszugleichen, aber immer blieb noch etwas, was ich übersehen hatte, übrig. Als sie über jede Situation sprach, kamen die Herren des Karma herein und befahlen mir „zu bitten". Das tat ich, und jede Bitte um eine vollständige Bereinigung des Lebens oder der Situation wurde sofort „erhört" .

Sie gingen daraufhin nicht, wie sie es in der Vergangenheit getan hatten, sondern blieben, um jedes von der Klientin beschriebene Problem zu bereinigen. Wir waren beide ganz erstaunt, aber nachdem etwa ein Dutzend dieser Situationen sehr schnell aufgelöst waren, zögerte ich, weiterzumachen, aus Angst, dass der Energieverlust zu groß sein würde. Ich beschloss aufzuhören, notierte mir aber die anderen, noch ungelösten Probleme. Während der Nacht erwachte ich, und die Herren des Karma waren da. „Bitte", forderten sie mich auf, und so ging ich die Liste durch. Es gab keine Nachwirkungen, außer dass ich mich ein paar Tage lang sehr entspannt fühlte und ein großes Bedürfnis zu schlafen hatte. Als ich mit der Klientin darüber sprach, beschlossen wir, es bei einigen ihrer Heilsitzungen zu versuchen, und die Herren des Karma kamen herein und arbeiteten bereitwillig auch mit ihr.

Zu diesem Zeitpunkt beschloss ich, dass ich - wenn diese Wesen bereit waren, mir zu helfen - weiter bitten würde, bis sie es mir untersagten. Alles, was ich auflöste, schien ein weiteres Dutzend Probleme heraufzubringen, wofür ich Hilfe brauchte, und die vier Kategorien ergaben sich daraus. Ich bat weiter um Hilfe, und mir wurde alles gewährt. Ich fragte, wie lange ich das fortführen dürfe, und erfuhr bis zum Neumond (sie waren mir bei Vollmond erschienen). Die Herren des Karma erschienen immer noch in schwarzen Gewändern mit Kapuze, die sie über das Gesicht gezogen hatten, und ich vermutete, dass es alles Männer seien. Sie weigerten sich, weibliche Mitglieder ihres Ordens zu mir zu schicken, und sie sagten nicht viel mehr als „bitte“, „nein“ oder „gewährt’. Als ich ihnen dankte und sie fragte, warum sie mir diesen Segen gewährten, sagten sie, „weil die Zeit da ist“.

Es wurde schnell klar, dass alles, was sie „gewährten“, fast sofort geheilt wurde. Manchmal waren die Veränderungen so subtil und so leicht, dass ich gar nicht sofort merkte, dass sie eingetreten waren. So viele Dinge, die mein Leben erschwert hatten, verschwanden einfach, indem ich nur darum bat. Da ich vorher gewarnt worden war, „beim Bitten vorsichtig zu sein“, erfand ich eine Formel, um sicherzustellen, dass die Heilung die Gegenwart und die irdische Ebene erreichte (mehr darüber im nächsten Kapitel), da meine erste Begegnung mit den Herren des Karma mir die Notwendigkeit aufgezeigt hatte.

Als mir die Arbeit mit diesen Wesen vertrauter wurde und sie anfingen, Fragen zu beantworten, stellte ich die Frage, ob ich anderen etwas über sie erzählen dürfe. Man sagte mir, dass die Menschen persönlich für sich etwas erbitten müssten, aber ich könnte ihnen zeigen, wie sie das tun sollten. Ich versuchte diesen Prozess mit ein paar anderen, die, sobald sie die Methode beherrschten, ebenso erstaunt waren wie ich, obwohl die meisten ängstlicher waren, als ich es gewesen war. Als die zwei Wochen und der Neumond vergangen waren, gab es keinen Hinweis darauf, dass die Herren des Karma gehen oder die Fähigkeit, den Prozess durchzuführen, aufhören würde. Ich fragte nach und bekam die Antwort, ich könne die Fähigkeit bis zum Abend vor Allerheiligen behalten. Ich führte einen Workshop an einem Wochenende Anfang Oktober durch und erhielt die Erlaubnis, der Gruppe die Technik in der letzten Minute zu vermitteln. Allerheiligen ging vorbei, und ich durfte weitermachen. Man sagte mir, ich könnte es eine Weile behalten und weiter vermitteln; sie wollten sehen, welchen Gebrauch die Leute davon machen würden. Ich gab es an andere Gruppen weiter. Ein Jahr später sagte man mir, wir könnten diese Arbeit unser Leben hindurch tun, und ich sollte dieses Buch schreiben.

In der Zwischenzeit haben sich die Herren des Karma sehr geändert, was ihr Erscheinen und Verhalten mir und anderen gegenüber angeht. Sie sind jetzt bereit, mit uns zu reden (und sagen gleichzeitig mehr als ein Wort), und führen uns durch den Prozess und machen Vorschläge und helfen uns, das zu erreichen, was wir heilen wollen. Ihre Gewänder sind nicht mehr schwarz, sondern weiß, und man kann ihre Gesichter jetzt sehen. Es scheinen sieben oder neun Herren des Karma zu sein, obwohl ich besonders einen sehr deutlich sehe. Es sind nicht alles Männer. Sie haben ihr früheres, furchterregendes, strenges Verhalten abgelegt, und an dessen Stelle ist eine majestätische, unterstützende Freundlichkeit getreten. Manchmal lächeln sie sogar.

Im Januar 1996 lehrte ich den karmischen Auflösungsprozess in einem Workshop, und danach half ich einigen Frauen in Einzelsitzungen. Da ich in dieser Nacht nicht schlafen konnte, bat ich die Herren des Karma hereinzukommen, damit ich um etwas für mich selber bitten konnte. Zum ersten Mal erschienen sie in weißen Roben, und ich konnte Neujahrs-Hörner und Trommeln hören. „Hallo“, sagte ich, „habt ihr da oben eine Party? Was ist los?“ Sie antworteten: „Karma ist beendet.“ Ich glaubte, ich hätte mich verhört, aber sie wiederholten es. „Warum?“, fragte ich. „Kritische Masse“, war die Antwort. „Weil genügend von uns jetzt mit euch arbeiten?“, fragte ich. Sie sagten: „Ja, weil jede Auflösung Karma vom Planeten entfernt.“

Offenbar ist jeder Teil individuellen Karmas ein Teil des Erdkarmas. Indem jeder Teil aufgelöst und jeder Mensch von einem Trauma aus irgendeinem früheren Leben, von Leiden (in diesem oder früheren Leben) oder karmischen Mustern geheilt wird, wird das kollektive Geistgitter der Erde auch von diesem Karmateil gereinigt. Die Erdveränderungen und das Jahrtausendende auf diesem Planeten erfordern eine vollständige Reinigung und einen Neuanfang sowohl für die Menschen als auch für die Erde. Viele zu dieser Zeit inkarnierte Menschen sind Bodhisattvas, die noch einmal zurückgeschickt wurden, um bei dieser Reinigung zu helfen. Viele andere verbringen jetzt ihr letztes Leben auf der Erde; sind die Veränderungen auf der Erde beendet, werden die Heiler und Problemlöser dort hingehen, wo sie gebraucht werden. Damit die Menschen, die viele Inkarnationen hatten, die Erde auf Dauer verlassen können, müssen sie das meiste oder das ganze noch vorhandene Karma aus ihren Leben auf diesem Planeten heilen. Der Planet selber muss auch sein Karma heilen, um in das New Age einzutreten und die Erdveränderungen zu Ende zu bringen. Das ist der Grund für das Erscheinen der Herren des Karma in dieser Zeit.

Einmal habe ich versucht, ihr Erscheinen durch einen Vergleich zu beschreiben. Es war, als ob ich mich in einem Kristallwarengeschäft frei bewegte, wo ich alles, was ich mir je gewünscht hatte, umsonst bekommen konnte. Dies kommt der Wahrheit sehr nahe, vorausgesetzt der Prozess wird mit der rechten ethischen Einstellung und mit Respekt durchgeführt. Jeder zur Zeit auf der Erde inkarnierte Mensch gleicht auf irgendeine Weise sein Karma aus. Durch den karmischen Auflösungsprozess wird der Ausgleich zu einer bewussten Entscheidung, und selbst Kinder können ihn sehr leicht durchführen. Wenn man erkennt, dass etwas im Leben falsch läuft, hat man eine sehr gute Chance, dies zu heilen und zu verändern. Das Erkennen ist der Schlüssel. Man hat uns karmische Gnade und Befreiung in diesem Leben gewährt, etwas, was es vielleicht noch nie auf der Erde gegeben hat.

Die Herren des Karma gehören dem Engelreich an. Es sind Engel, wie unsere Essenz- und Gott/Göttin-Selbste es sind. Ihe Aufgabe auf der „anderen Seite" ist es zu bestimmen, welche Karmaaspekte wiederholt werden müssen und welche Möglichkeit zu ihrer Heilung in jedem Leben besteht, und uns bei unseren Lebensentwürfen entsprechend zu helfen. Es sind Wesenheiten, die außerordentlich positiv eingestellt sind und unser seelisches Wachstum und unsere Entwicklung lenken. Wenn sie auch früher streng und furchterregend erschienen oder jetzt vielleicht freundlich, so steht doch fest, dass sie sich zu allen Zeiten zu unserem Wohle und Nutzen eingesetzt haben und das auch heute tun. Einige haben Einwände dagegen erhoben, dass man sie „Herren" nennt - diese Bezeichnung gebrauchte die Heilerin, die mich mit ihnen bekannt machte. Auf meine Nachfrage erklärten sie sich bereit, als „Engel des Karma“ oder sogar „Geister des Karma“ gerufen zu werden, wenn man zu ihnen komme und wissen wollen, welche Arbeit sie tun und wer sie sind.

Wie auch immer ihr sie anredet, tut das mit äußerstem Respekt. Die Warnung, die ich erhielt, war durchaus kein Scherz. Es sind mächtige Wesen. Bittet um ihr Erscheinen, aber fordert es nicht. Streitet niemals mit ihnen und dankt ihnen immer. Wenn sie euch auffordern, etwas zu tun, nehmt sie ernst. Wenn eine Antwort „nein“ ist, müsst ihr sie akzeptieren, obgleich es vielleicht Möglichkeiten gibt, es zu ändern. Die Formulierung einer Bitte ist wichtig, und auf eine anders formulierte Frage könnt ihr vielleicht eine andere Antwort erhalten. Verspottet diese Wesen, ihre Wirklichkeit oder ihre Fähigkeit, euer Leben zu verändern, nicht.

Eine Freundin machte diesbezüglich eine schlimme Erfahrung. Ich hatte ihr den Prozess beigebracht, aber ihr Leben schien immer noch schwierig zu sein. Eine andere Freundin erinnerte sie daran, dass sie doch die Herren des Karma um Hilfe bitten könne, worauf sie ausrief- „Herren des Karma? Welche Herren des Karma?“ Die zwei Frauen saßen auf einer abgeschirmten Veranda in Florida. Es war nach 13 Uhr, und in der Nachbarschaft und am Kanal herrschte absolute Ruhe. Plötzlich sahen sie, wie sich etwas, was wie ein Feuerball aussah, über den Himmel bewegte und sich im Kanal hinter der Veranda widerspiegelte. Er schien von nirgendwoher zu kommen und nirgendwohin zu gehen - vollkommen ohne Geräusch. Meiner Freundin verschlug es vor Angst die Sprache. Die Frau, die bei ihr war, sagte: „Entschuldige dich lieber sofort!“ Das tat sie. Später erzählte uns eine Frau aus Westindien, dass auf ihrer Insel Karma als Feuerball dargestellt werde. Es dauerte lange, bis meine Freundin bereit war, wieder mit den Herren des Karma zu reden, aber jetzt tut sie das mit Respekt.

Einige Frauen, die ich den Auflösungsprozess gelehrt habe, nehmen an der Vorstellung Anstoß, dass die Herren des Karma männlich sind. Als ich selber am Anfang den Wesen diese Frage stellte, meinten sie, ich müsste sie so annehmen, wie sie wären. Zu jener Zeit schienen es nur Männer zu sein, aber das ist nicht der Fall. Auf einem Frauentreffen entdeckte eine Frau dies zum ersten Mal. In dem Workshop, wo ich den Prozess lehrte, hatte sie um eine karmische Teilauflösung gebeten. Danach schien die karmische Gruppe eine Konferenz darüber abzuhalten, wie ich es manchmal bei ihnen erlebt hatte. Dieses Mal jedoch sah sie eine Tür, die sich öffnete, und in das Zimmer herein kamen eine Frau und die anderen Wesen. Die Frau sagte zu den anderen Herren des Karma: „Gewährt es ihr, sie hat sich sehr darum bemüht.“ Und sie taten es.

Dies war meine erste Begegnung mit Nada, die ich selber später in der Meditation traf. Sie sagte, sie sei die ganze Zeit dabei gewesen, durch die Gewänder der anderen verhüllt. Sie erschien wie eine hoch gewachsene, etwas hagere Frau mittleren Alters, die offensichtlich schwanger war. Da sie das Gebäralter hinter sich zu haben schien, fragte ich danach, und sie erwiderte, sie sei immer schwanger, „alles wird aus mir geboren“.

Nada bedeutet im Spanischen „nichts“; ich hatte auch nach der Bedeutung ihres Namens gefragt.

Ihre Erklärung warf auch Licht auf ihre Schwangerschaft. Sie ist die buddhistische Leere, das „Nichts“, aus dem alle Dinge hervorgehen, eine Form annehmen und wieder darin eingehen. Sie ist tatsächlich die Göttin.

„Nada“ ist in den vedischen Texten des Hinduismus das Wort für den Klang, der den Kosmos, die Musik der Sphären erschuf. Er bedeutet Geist, Schöpfung und das manifestierte und unmanifestierte Universum (sichtbare und unsichtbare, Nichtleere und Leere). Der Name ist ein Samenklang (bija; ein Begriff aus dem Sanskrit, der „Same“ bedeutet; Anm. d. Übers.) für das spirituelle Wachstum eines Schülers und das

Wachstum aller Dinge. Alle Dinge werden durch diesen Klang erschaffen, alles Leben; alle Dinge werden tatsächlich aus Nada/Nichts geboren. Während sie bei Heilungen oder Karmaauflösung nicht oft bei mir erschien, bewirkt ihre starke und sanfte Gegenwart intensive Transformation, wenn sie erscheint. Sie deutete mir gegenüber auch an, dass es noch mehr Frauen unter den karmischen Herren gibt, obwohl ich sie bisher noch nicht bemerkt habe.

Der karmische Auflösungsprozess mit den Herren des Karma wird im nächsten Kapitel beschrieben. Er ist einfach und tiefgründig und ist uns als ein großes Geschenk gegeben worden. Geht damit gut und mit Weisheit um, und er wird euer Leben auf jede mögliche und positive Weise verändern und heilen.

Karmaauflösung

Der karmische Auflösungsprozess ist eine Meditation und erfordert keine Tieftrance. Mit einer gewissen Erfahrung kann man ihn überall, zu fast allen Zeiten durchführen, wenn man die nötige innere Ruhe besitzt. Ich habe den Prozess an Einzelne und große Gruppen weitergegeben. In einem Fall waren neunzig Frauen in einem Workshop in der Lage, gleichzeitig die Herren des Karma zu kontaktieren und mit ihnen zu arbeiten. Jede konnte sie sowohl wahrnehmen als auch eine Antwort erhalten. Sogar ein fünfjähriges Kind hat den Prozess gelernt und gebraucht ihn oft. Mit Überraschung habe ich festgestellt, dass er bis jetzt um nichts Triviales gebeten hat, etwa um eine Feuerwehr, Ameisenfarm oder ein Pony. Die Herren des Karma gehen sehr liebevoll mit ihm um.

Tritt zunächst - wie im Kapitel 3 beschrieben - in einen meditativen Zustand ein. Sitze ruhig, beruhige deine Gedanken und mache ein paar tiefe Atemzüge. Suche dir einen Ort, wo man dich nicht unterbrechen wird und wo du wenn möglich ganz allein sein kannst. Dies ist ein Selbstheilungsprozess; niemand anders ist dafür nötig. Es ist wichtig, den Geist von äußeren Gedanken zu befreien, damit man seine Aufmerksamkeit nach innen richten und die außersinnlichen Eindrücke und Informationen, die sich einstellen werden, empfangen kann.

Wenn du ruhig bist und dich bereit fühlst, bitte darum, mit den Herren des Karmas zu sprechen. Es wird sich ein Bild von ihnen einstellen, obwohl nicht jeder sie auf dieselbe Weise wahrnimmt. Vielleicht erkennst du geistig einen schattenhaften Umriss oder ein deutlicheres visuelles Bild von einem oder mehreren aus der Gruppe. Gewöhnlich tritt das Mitglied, das als Sprecher fungiert, stärker hervor. Einige visuelle Eindrücke sind symbolisch; statt in Bildern erscheinen sie dir vielleicht als Licht oder Farbe. Vielleicht hörst du, dass sie erschienen sind, wenn sie sagen „wir sind da" oder „frage". Ich nehme meistens diese Wesen akustisch wahr; ich höre sie zu mir sprechen. Du kannst ihre Gegenwart spüren, wie das bei einer anderen Person im Zimmer der Fall wäre, oder du spürst etwas irgendwo in deinem Körper. Das kann Hitze, Kälte oder ein Prickeln sein, ohne dass du ein visuelles oder ein anderes Bild erhältst. Vielleicht weißt du einfach nur, dass sie da sind. Es reicht aus, sich der Gegenwart der Herren des Karma bewusst zu sein.

Die meisten Menschen, die eine Erfahrung mit diesen Wesen gemacht haben, nehmen sie als eine Reihe von Leuten wahr, die in ihrer Vorstellung oder ihrem geistigen Blickfeld erscheinen. Gewöhnlich tragen sie Gewänder, manchmal schwarze oder weiße oder weiße Roben mit schwarzen Krägen, die an Chorgewänder erinnern. Der visuelle Eindruck ist gewöhnlich undeutlich, und ihre Gesichter lassen sich oft nicht unterscheiden. Wenn du Mühe hast, die Herren des Karma auf irgendeine andere Weise zu erreichen, kannst du für diesen Prozess einen Versuch mit einem Pendel machen. Frage das Pendel, ob der Kontakt hergestellt ist, und wenn die Antwort „ja" ist, frage, ob die Herren des Karma bereit sind, mit dir auf diese Weise zu arbeiten. Wahrscheinlich werden sie zustimmen.

Stellt sich bei dir eine Wahrnehmung, irgendeine Wahrnehmung ihrer Gegenwart ein, bitte um die gewünschte karmische Auflösung. Wenn dein zentraler Wunsch die Heilung einer Krankheit ist, kannst du sofort darum bitten, aber oft wird man es dir so lange verweigern, bis du all die emotionalen Komponenten, die dazu gehören oder vielleicht zur körperlichen Verfassung beigetragen haben, geheilt hast. Wenn du weißt, um welche emotionalen oder mentalen Komponenten es sich vielleicht handeln könnte, bitte zuerst darum. Gewöhnlich sind sie es, die dein Leben beträchtlich stören und durcheinander bringen, und sie haben fast immer mit Beziehungen zu tun. Du wirst mehr als eine Frage stellen dürfen, deshalb arbeite methodisch und gründlich und nimm dir Zeit. Oft ist es am besten, das dich am meisten bedrängende Problem, besonders wenn es sich um eine Krankheit handelt, in der letzten Bitte am Ende der Sitzung vorzutragen.

Du darfst um so viele Geschenke karmischer Auflösung bitten, wie du möchtest, aber bevor du um das nächste bittest, bring das eine erst zu Ende. Das ist äußerst wichtig. Du solltest deine Fragen so einfach wie möglich formulieren, und auf deine Bitten sollten einfache Antworten wie „ja" oder „nein" möglich sein. Wenn du an das Arbeiten mit einem Pendel gewöhnt bist, so verwende diese Art zu fragen. Wenn du darum bittest, dass dein Krebs und die Beziehung mit deinem Partner und dein Alkoholproblem geheilt wird - alles in einer Frage -, wirst du vielleicht die Antworten, die du erhältst, nicht verstehen können. Einige der Antworten sind vielleicht „ja" und einige „nein" und einige werden weitere Arbeit anordnen, aber die Zuordnung der Antworten zu den Fragen wird dir nicht gelingen. Wenn es in einer Frage um die Heilung deiner Abhängigkeit vom Alkohol geht, dann führe den ganzen Prozess zum Thema Alkoholismus durch, bevor du eine weitere Bitte vorträgst, und der Erfolg wird viel größer sein. Beschränke dich also immer auf eine Frage.

Sei auch sehr vorsichtig, wie du deine Frage formulierst. Vielleicht wird die Bitte um Heilung der Beziehung mit deinem Partner erfüllt, aber die Streitsucht deines Partners bleibt bestehen. Wenn deine Bitte abgelehnt wird, versuche, sie anders zu formulieren. Fragen, die die ganze Situation umfassen, haben gewöhnlich mehr Wirkung als die, die das Problem in Teile zerlegen. Zum Beispiel ist es besser, um Karmaheilung für die Beziehung mit deinem Partner zu bitten, als um die Heilung der individuellen Dinge, die Ursachen des Konfliktes sind. Ist die Beziehung geheilt worden, kannst du zu einer anderen Zeit um die übrigen individuellen Dinge bitten. Du wirst überrascht sein, wie wenig davon übrig geblieben ist. Vergiss nicht, wenn deine Bitte Beziehungen betrifft, dass Heilung in dir stattfindet, nicht in der anderen Person, es sei denn die andere Person bittet auch darum oder du hast ihre Erlaubnis bekommen, für sie darum zu bitten. Man kann niemandes Karma heilen oder verändern, und der Versuch ist eine ernsthafte Verletzung universaler moralischer Gesetze.

Wenn du darum bittest, eine Krankheit oder einen Zustand zu heilen, könntest du deine Bitte so formulieren: „Kann ich karmische Auflösung meiner Krebserkrankung erhalten?“ „Kann ich Heilung für meine Konzentrationsschwäche erhalten?“ „Könnt ihr mir karmische Befreiung von meiner Depression schenken?“ „Könnt ihr mir helfen, das Rauchen aufzugeben?“ Die Bitte sollte sehr klar und sehr einfach sein. Geht es um die Veränderung einer Situation oder eines Charakterzugs, ist die Formulierung ganz ähnlich. Bitte z.B. um „vollständige karmische Befreiung von meiner Wasserphobie“ oder „Könnt ihr mich von meiner Armut befreien?“ oder „Könnt ihr mir helfen, den am besten für mich geeigneten Job zu finden?“

Ich bitte gern für jede laufende Beziehung um Heilung, ob es einen Konflikt gibt oder nicht, als eine Art Schutzmaßnahme vor späteren Problemen. Hier sollte man zunächst bitten um „vollständige karmische Heilung meiner Beziehung mit ...“. Diese Formulierung kann für fast alle Beziehungen gebraucht werden, sei es mit einem Partner, einem Kind, den Eltern oder dem Chef. Wenn du um Heilung einer Beziehung bittest, bittest du darum, dass alles negative oder hinderliche Karma aus allen Aspekten der Beziehung entfernt werden möge, und später im Prozess kannst du darum bitten, dass deine früheren Leben mit dieser Person geheilt werden. Du kannst auch um karmische Heilung einer Beziehung bitten, die du mit einem Partner hattest, der verstorben ist, oder mit jemandem, mit dem du gegenwärtig keinen Kontakt hast, aber mit dem du in der Vergangenheit eine problematische Beziehung hattest.

Durchaus selten geben dir die Herren des Karma die Anweisung (oder du kannst sie fragen, wenn es dir angemessen erscheint), um „vollständige karmische Trennung“ von einer Person oder einer Beziehung zu bitten. Dies gilt nur für jene, die dir schweres Leid zugefügt haben. Die Bitte darf nicht oft vorgetragen werden, noch wird sie oft erfüllt. Wenn Vergewaltigung oder Inzest im Spiel sind, kannst du darauf zurückgreifen. Bitte um „vollständige karmische Befreiung und karmische Trennung von ...“. Bitte zuerst um karmische Befreiung, ist das gewährt, frage die Herren des Karma, ob Trennung angemessen ist. Bitte die Herren des Karma um Trennung nur dann, wenn sie andeuten, dass sie diese Bitte billigen. So kann man auch verfahren, wenn einem Menschen aus früheren Leben gezeigt werden, die einem schweren Schaden zugefügt haben. Der Schaden reicht oft in die Gegenwart hinein, ob man nun die Person in diesem Leben kennt oder nicht, und kann der Grund für ein karmisches Muster oder eine Schwierigkeit in der Gegenwart sein.

Nachdem du deine Bitte geäußert hast, warte auf eine Antwort. Du wirst irgendwie ein „ja“ oder „nein“ wahrnehmen. Vielleicht hörst du die Antwort, oder du empfängst ein visuelles Signal. Eine Frau sieht z.B., dass die schwarzen Gewänder der Herren des Karma bei einem „ja“ weiß werden, während sie bei einem „nein“ schwarz bleiben. Jemand anders sieht bei einem „ja“ die Sonne aus den Wolken hervorkommen und bei einem „nein“ einen Regensturm. Andere Antworten haben rote und grüne Verkehrsampeln für „nein“ und „ja“ enthalten, eine freie Straße für „ja“ und einen Verkehrsstau für „nein“ oder einen Regenbogen für „ja“ und gar nichts für „nein“. Manchmal ist das Bild vielleicht nicht deutlich. Sage den Herren des Karma, dass du es nicht verstehst, und bitte um eine weitere Antwort. Jemand, mit der ich diese Arbeit tat, spürte bei einem „ja“ Wärme in ihrer Herzgegend und stechende Schmerzen im Unterleib bei einem „nein“. Gelegentlich fällt die Antwort der Herren des Karma so aus, dass sie in die Hände klatschen, trommeln oder tanzen, wenn sie der Meinung sind, dass die Bitte für den Fragesteller ein bedeutender Durchbruch ist.

Wenn die Antwort auf deine Bitte „ja" ist, ist der nächste wichtige Schritt, die Heilung auf alle Ebenen und alle Leben deines Seins auszudehnen. Dies soll sicherstellen, dass die Heilung umfassend ist. Da die Formulierung bei diesem Prozess so wichtig ist, wird dadurch sichergestellt, dass kein für die vollständige karmische Heilung erforderlicher Teil fehlt oder ausgelassen wird. Eine Beziehung in der Gegenwart zu klären ist wichtig, aber reicht nicht aus, wenn die Probleme in einem anderen Leben ihren Ursprung hatten. Die Antwort „gewährt" ist auch unvollständig, wenn die Auflösung sich nicht auf der irdischen Ebene zeigt oder wenn sie sich erst mit einer Verzögerung in einem späteren Leben manifestiert. Die karmische Heilung und Auflösung muss auch durch alle Aurakörper und Energieebenen gelenkt werden. Sonst kann die Heilung einer Krankheit oder die Manifestation einer anderen Veränderung nicht vollendet werden.

Ich entdeckte dies, weil ich mich fragte, warum gewisse karmische Auflösungen, die gewährt wurden, sich sofort zeigten, während dies bei anderen überhaupt nicht der Fall zu sein schien. Dies liegt an der Formulierung. Karma ist im Mentalkörper und Geistgitter aufbewahrt, da, wo das Spiel mit den Worten einmal angefangen hat. Durch Erfahrung wirst du lernen, so exakt zu formulieren, wie wenn du auf einem Kanal ein Schiff steuern müsstest, aber die folgende Formel bewahrt vor Fallen und aktiviert die meisten Auflösungsprozesse. Hier ist die sorgfältig ausgearbeitete Formel, die auch die Prüfung durch die Zeit bestanden hat. Erhältst du als Antwort auf deine Bitte ein „ja", dann frage:

„Kann ich diese Heilung
Für alle Ebenen und alle Körper erhalten,
Für alle Leben, auch das gegenwärtige,
Für allen Schaden (aus der Beziehung oder Situation),
Und kann die Heilung sich in der Gegenwart JETZT zeigen?"

Warte auf die Antwort. Ist sie „ja", dann ist die Auflösung eingetreten. Danke den Herren des Karma und komme in die Gegenwart zurück, oder gehe zu deiner nächsten Bitte über.

Falls die Antwort auf deine ursprüngliche Bitte um Auflösung „nein" gewesen ist, bedarf der Prozess einer Vervollständigung. Eine Ablehnung bedeutet vielleicht, dass etwas anderes geheilt werden muss, bevor die Auflösung möglich ist. Jetzt aufzugeben wäre falsch, und noch schlimmer wäre es, sich mit den Herren des Karma auf einen Disput einzulassen. Versuche stattdessen herauszufinden, was die Auflösung aufhält. Frage: „Was muss ich wissen oder tun, um diese Heilung zu bekommen?", und warte auf die Antwort.

Vielleicht sagt man dir, dass du zunächst etwas anderes tun oder bereinigen musst, vielleicht zeigt man dir ein früheres Leben, das aufgelöst werden muss, oder man lässt dich wissen, dass Heilung zu dieser Zeit nicht möglich ist. Meistens wird man dir ein früheres Leben oder eine Situation aus einem früheren Leben zeigen (manchmal stammt die Situation auch aus diesem Leben). Vielleicht verstehst du, was dir gezeigt wird, vielleicht auch nicht. Gewöhnlich erscheint diese Art von Antwort als Bild. Bitte um „vollständige karmische Heilung und Befreiung" von dem früheren Leben oder der dir gezeigten Situation, ob du sie ganz verstehst oder nicht. Wenn du die Situation nicht verstehst, sage den Herren des Karma, dass du sie verstehen möchtest. Vielleicht zeigen sie dir weitere Bilder, vielleicht auch nicht.

Wenn sie auf diese Bitte mit „ja" oder „gewährt" antworten, bitte mit der o.a. Formel (für alle Ebenen und alle Körper usw.). Wenn sie wieder „ja" sagen, wiederhole deine ursprüngliche Frage, die abgelehnt wurde. Dieses Mal wirst du wahrscheinlich ein „ja" erhalten. Bitte um Auflösung für alle Ebenen und alle Körper ... usw. Wenn die Antwort jetzt „ja" ist oder „gewährt", ist die Angelegenheit erledigt. Wenn das Hindernis in einem früheren Leben oder einer Situation dir *immer noch* ein „nein" einbringt, frage wieder: „Was muss ich wissen oder tun, um es aufzulösen?" Und mache auf diese Weise weiter.

Wenn du weiterhin viele „nein" erhältst, stelle die Frage zurück. Nachdem du viele andere Dinge aufgelöst hast und vielleicht die Formulierung geändert hast, wird es vielleicht gewährt. Manchmal hat die

Blockade etwas mit anderen Problemen zu tun. Sind diese gelöst, verschwindet auch die Blockade. Welcher Art die Blockade war, weißt du vielleicht nicht einmal. Geh zu anderen Fragen über, und stelle gelegentlich wieder die Frage, die abgelehnt wurde. Mache dir auch klar, dass manches vielleicht Karma ist, das weder zu diesem Zeitpunkt noch in diesem Leben aufgelöst werden darf. Ich habe jedoch selten erfahren, dass aufrichtige Bitten auf Dauer mit einem „nein" beschieden wurden.

Manchmal werden die Herren des Karma, wenn eine Bitte abgeschlagen wird, statt dir ein vergangenes Leben als Hindernis zu zeigen, dich auffordern, etwas zu tun oder dich einer anderen Sache anzunehmen. Als eine Frau einmal um Heilung ihrer kranken Leber bat, sagte man ihr, sie solle es lernen, sich selber mehr zu lieben. Einer Frau wurde mitgeteilt, dass ihr Krebs geheilt werden würde, wenn sie sich von ihrem Freund, der sie misshandelte, trennen würde. Eine andere Frau, die um Befreiung von einer tödlichen Krankheit bat, wurde gefragt: „Willst du wirklich leben?" Sie gab zu, dass sie sich dessen nicht sicher war, und man gab ihr die Empfehlung, darüber zu meditieren und erneut zu fragen, wenn sie sich für das Leben entschieden hatte. Einer Frau wurde gesagt, dass sie heilen könne und ihre Bitte erfüllt würde, wenn sie bereit sei, ihre Begabung zu entwickeln und einzusetzen. Gelegentlich heißt es: „Wir werden das heilen, aber nicht jetzt." Ein Zeitrahmen kann angegeben werden, aber auch nicht. Ich habe Leute gekannt, die das Gespräch mit den Herren des Karma völlig vergaßen, aber die Auflösung trat doch später zu dem Zeitpunkt ein, der ihnen zugesagt war.

Hast du einmal einen dieser Auflösungsprozesse beendet, kannst du zum nächsten übergehen und während einer Sitzung beliebig viele bearbeiten. Jede Sache, die du auflöst, wird dich an viele mehr erinnern; mach dir eine Liste und geh die einzelnen Punkte durch, immer nur einen auf einmal, bis alle aufgelöst sind. Zögere nicht, um Dinge zu bitten, von denen du annimmst, es sei unmöglich, sie zu heilen, aufzulösen oder in Ordnung zu bringen. Alles ist möglich. Es tut nicht weh zu fragen, und du wirst über die Ergebnisse vollkommen erstaunt sein.

Manchmal erscheint das „nein“ im letzten Teil des Prozesses, wenn du darum bittest, dass die Auflösung auf allen Ebenen und allen Körpern usw. geschieht. Wenn das passiert, geh zu jedem Satz zurück. Sprich die erste Zeile „für alle Ebenen und alle Körper“ und frage: „Kann ich dafür ein „ja“ bekommen?“ Wenn zugestimmt wird, geh zur nächsten Zeile und frage: „Kann ich es für alle Leben, auch das gegenwärtige bekommen?“ Wenn die Antwort „nein“ ist, frage, was du wissen oder tun musst, um es aufzulösen. Du wirst die Information erhalten, oder man zeigt dir ein anderes früheres Leben oder eine gegenwärtige Situation, die der Klärung bedarf. Löse dies auf, wie du es beim vorherigen „nein“ getan hast, und wenn es ein „ja“ wird, geh zur nächsten Zeile. Frage: „Darf ich den Schaden aus der Situation heilen?“ Bei einem „ja“ vervollständige die Bitte durch die Frage: „Darf ich die Heilung JETZT in der Gegenwart erfahren?“ Fast immer wirst du darauf ein „ja“ erhalten. Wenn du kein „ja“ als Antwort erhältst, bitte auf jeden Fall um weitere Information, wie sich das Hindernis entfernen lässt, entferne es und fahre dann fort.

Wenn dir die vollständige Auflösung deines Karmas gewährt worden ist, danke den Herren des Karma für das große Geschenk, das sie dir gemacht haben. Hast du einmal ihre Zustimmung zu einer karmischen Auflösung erhalten, tritt sie in diesem Augenblick ein, obwohl du das vielleicht gar nicht spürst. Du kannst Energieschübe oder intensive Träume erleben in dieser Nacht oder in einigen darauf folgenden Nächten (oder sogar noch länger, wenn der Prozess umfassender war), oder du fühlst oder spürst vielleicht nichts. Ich bezeichne die Umorganisation meiner Moleküle als Energieschübe, wenn sie auftreten, und wahrscheinlich geschieht das auch. Oft jedoch fühlt man nichts, weiß aber, dass die Situation sich verändert hat. Als ich darum bat, man möge der Gewohnheit, anderen ins Wort zu fallen, ein Ende setzen, wurde das bereitwillig gewährt, aber ich fühlte mich nicht verändert. Erst nach mehreren Tagen bemerkte ich, dass ich es einfach nicht mehr tat. Der negative Charakterzug machte sich nur noch einmal ein paar Monate später während eines Migräneanfalls bemerkbar, der mehrere Tage andauerte. Als ich nachfragte, teilte man mir mit, dass das Wiederauftreten eine neurologische Ursache hatte und innerhalb von drei Tagen verschwinden würde; dies war auch der Fall, und es ist niemals wieder aufgetreten.

Die meisten karmischen Auflösungen treten unmittelbar darauf ein, aber einige brauchen anscheinend länger, die Zeitspanne reicht von ein paar Tagen bis zu ein paar Monaten. Eine Frau bat darum, dass ihr die finanzielle Verantwortung für ihren Haushalt übertragen würde. Das wurde ihr gewährt, und die Herren des Karma tanzten und trommelten vor Freude über diese Bitte. Man sagte ihr jedoch, dass sich die Änderungen über einen Zeitraum von sechs Monaten erstrecken und nur ganz allmählich vor sich gehen würden. Als wir nach dem Grund fragten, hieß es, anderer Leute Karma sei damit verknüpft. Die Information stellte sich als akkurat heraus, und innerhalb von sechs Monaten kam es zu bemerkenswerten Veränderungen im Leben der Frau, die die Auflösung erhalten hatte. Manchmal wird eine Bitte gewährt, aber die Auflösung scheint nicht einzutreten. Aber sie wird, wenn eine Zusage gegeben wurde, zur rechten Zeit und zum Nutzen aller eintreten.

Diese karmischen Veränderungen sind jedenfalls sehr tief gehend, sie schließen positive Veränderungen in der DNS ein und beeinflussen auch die Vererbung dieser DNS. Die Veränderungen erscheinen auch im Horoskop, wie ich zu meinem größten Erstaunen entdeckte. Ich habe, seit ich erwachsen bin, fast die ganze Zeit hindurch Schwierigkeiten beim Lesen gehabt, was auf eine Augenschwäche zurückzuführen ist. Es kommt und geht, und ich habe mehrmals teure, monatelange Therapien gemacht. Nun hatte ich wieder ein Problem und bat die Herren des Karma, es zu bereinigen. Einige Wochen lang lehnten sie es ab, dann sagten sie schließlich „ja“, aber nichts schien sich zu verändern. Eine Woche nach der Auflösung legte ich einer Astrologin mein Horoskop vor und bat um eine medizinische Beratung. Ich wusste, dass es in meinem Horoskop einen Hinweis auf diese Schwäche gibt und dass sie das ganze Leben hindurch immer wieder auftreten würde, aber die

Astrologin (erfahren und begabt) konnte nichts davon entdecken. Sie meinte, das Problem sei meine Wirbelsäule.

Als ich mich einen Monat später auf einer Reise zu einem Workshop befand, bekam ich eine chiropraktische Behandlung, und wunderbarerweise kehrte über Nacht meine Fähigkeit zu lesen zurück. Ich setzte die Behandlung zu Hause fort, und der Zustand verbesserte sich weiter. Jetzt suche ich also, wann immer ich Schwierigkeiten beim Lesen habe, mehrmals einen Chiropraktiker auf, und das ist alles. Ich wäre niemals auf die Idee gekommen, dass mein Leseproblem etwas mit meiner Wirbelsäule zu tun hatte und nicht so sehr mit meinen Augen. Wenn eine Auflösung gewährt wird, wird sie Realität.

Dies ist der Prozess, wenn man Kontakt mit den Herren des Karma aufnehmen will. Vielleicht sind ein paar Versuche nötig, bis man sich daran gewöhnt, aber er ist einfach und leicht zu erlernen. Wenn du nicht weißt, was als nächstes zu tun ist oder wie du fragen sollst oder wie die Formulierung der Frage geändert werden muss, bitte die Herren des Karma um Hilfe, und sie werden sie dir gewähren. Für etwas, worum du nicht bittest, kannst du keine Auflösung bekommen. Wenn du weißt, was du brauchst, kannst du wahrscheinlich Hilfe bekommen. Man hat uns zugesagt, dass wir während unseres Lebens unser Karma auflösen können, und durch diese Zusage ist alles möglich. So wie die Menschen ihr persönliches Karma heilen, wird das Karma der Erde geheilt. Führe den Prozess gut - und häufig - durch. Eine kurze Übersicht dazu erscheint im Anhang I.

Heilung anderer

Der Prozess der Herren des Karma wurde als Instrument der Selbstheilung entworfen. Das ist wahrscheinlich kein Zufall, da so wenige Menschen Zugang zu guten Heilern haben, denen sie vollkommen vertrauen und mit denen sie zusammen arbeiten können. Hat man sich erst einmal mit dem Prozess vertraut gemacht, gibt es so viele Dinge zu fragen, dass selbst wöchentliche Heilsitzungen nicht ausreichen. Der Prozess wird am Anfang auch allein durchgeführt, weil niemand außer einem selbst wissen kann, was man braucht. Erkenntnis ist die entscheidende Voraussetzung für das Gewähren karmischer Auflösung, und es muss Selbsterkenntnis sein; man muss Einsicht in die eigene Heilung haben, um darum bitten zu können. Man muss es auch lernen zu bitten und zu wissen, dass man es verdient, in der Folge Segnungen zu erhalten - nicht leicht für viele Menschen, aber notwendig. Da es ein Selbstheilungsprozess ist, wird es auch ein Instrument der Ermächtigung, was heutzutage für die Menschen außerordentlich wichtig ist.

Manchmal jedoch hast du vielleicht den Wunsch, anderen zu helfen, die den Prozess nicht kennen oder vielleicht zögern (oder nicht offen sind), ihn allein durchzuführen. Am besten geht man so vor, dass man es den anderen beibringt, wie sie selber mit den Herren des Karma zusammenarbeiten können. Es ist leicht, ihnen ein Exemplar dieses Buches zu geben. Wenn du jemanden in diesen Prozess einführen oder ihn auf irgendeine Weise für andere nutzen willst, mache dich zunächst selber damit vertraut, indem du ihn für dich gebrauchst. Wenn du den Umgang mit den Herren des Karma beherrschst und weißt, was sich mit einem „ja“ oder „nein“ anfangen lässt, kommt vielleicht der Wunsch auf, andere durch den Prozess zu führen.

Dabei kannst du direkt mit der Person arbeiten oder es am Telefon tun. Wenn du Heilung durch Reiki oder Handauflegen gibst, kannst du den Auflösungsprozess während des Heilens durchführen. Es geht auch ohne physischen Kontakt. Führe die karmische Auflösung so wie eine Meditation durch, indem du zunächst die Person dazu bringst, sich zu entspannen, und sie dann anleitest, um „einen Kontakt mit den Herren des Karma zu bitten“. Ihre Wahrnehmung mag sich von deiner unterscheiden. Prüfe nur, ob der Kontakt hergestellt wurde. Dann weise sie an, ihre Frage zu stellen, und warte auf die Antwort.

Die Fragestellerin wird die geistige Antwort erhalten, während diejenige, die durch den Prozess führt, wahrscheinlich leer ausgehen wird. Das heißt, dass sie die Empfängerin bitten muss, ihr mitzuteilen, wenn sie eine Antwort erhalten hat und wie die Antwort ausgefallen ist. Es kann sein, dass die Empfängerin ihre Frage für sich behalten möchte, und das ist in Ordnung. Es genügt, wenn der Helfer nur die Antworten kennt, um die Person zur nächsten Stufe zu bringen. Wenn die Bitte der Empfängerin gewährt wird, bittet der Helfer sie, die Formel „für alle Ebenen und alle Körper ...“ zu wiederholen und im Geiste eine Zeile nach der anderen nachzusprechen. Bittet am Ende um ein „ja“ oder „nein“. Wenn alles mit „ja“ beantwortet wird, kann der Prozess ganz schnell fortgeführt werden. Wenn die Antwort ein „nein“ ist, bitte die Empfängerin zu fragen, welche Informationen nötig sind, um die Sache zu klären. Lass ihr Zeit, eine Antwort zu erhalten, und frage sie dann, ob sie sie versteht. Leite sie an, das aufzulösen, was sie gesehen hat, und lass sie dann noch einmal bitten, dass das ursprüngliche Problem aufgelöst werde.

Wenn der Prozess beendet ist, finde heraus, ob sie noch andere Fragen bearbeiten möchte. Dann setze da die Arbeit fort. Indem das einige

Male wiederholt wird, wird sich die Empfängerin leicht die Methode des Prozesses aneignen. Mache ihr Mut, es selbständig durchzuführen.

Wenn man als Leiter dies mit mehr als einer Person durchführt, muss man sich vergewissern, dass jeder jede einzelne Stufe erreicht hat, bevor man weitergeht. Fordere die Gruppe auf, „um Kontakt mit den Herren des Karma zu bitten", und warte dann eine Weile. Stelle in ein paar Augenblicken die Frage: „Ist jemand unter euch, der die Herren des Karma nicht wahrnimmt?" Wenn jemand Schwierigkeiten hat, muss der Leiter das Problem in Erfahrung bringen. Oft erkennt diese Person ihre Wahrnehmungen nicht als Kontakt. Wenn jeder den Kontakt hergestellt hat, fordere die Gruppe auf, ihre erste Frage zu stellen, und nach ein paar weiteren Minuten frage: „Hat jemand ein ‚nein' erhalten?" Leite den oder die Betreffenden an, dies aufzulösen, dann führe die ganze Gruppe durch „alle Ebenen und alle Körper ...". Erhält jemand dabei ein „nein", mache Halt und leite sie an, das Problem zu klären. Die Zeiteinteilung kann durchaus schwierig sein bei Gruppen, aber mit der Zeit bekommt man darin Erfahrung. Die Eindrücke oder karmischen Informationen der Empfänger werden nicht an den Leiter weitergegeben. Wenn jemand in der Gruppe permanent Probleme mit dem Prozess hat, arbeite später mit ihr als Einzelperson.

Manchmal beginne ich mit einer Auflösung, an der jeder in der Gruppe teilhat. Führe vorher einen Konsens darüber herbei, welcher Art die Bitte sein soll. Bei meinen Frauengruppen gehe ich gern so vor, dass ich alle gleichzeitig die Herren des Karma um ein positives Selbstbild bitten lasse. Eine weitere gute Gruppenauflösung ist, um Befreiung von allen negativen Einflüssen zu bitten. Die meisten Menschen haben einige unnötige Hindernisse in ihrem Leben, sei es eine Bindung, eine Energieblockade, Eifersucht vonseiten anderer, ein direkter geistiger Angriff oder ein Energieimplantat durch einen Außerirdischen. Diese karmische Reinigung kann vielen eine sofortige Befreiung bringen. Der Verdacht, negative Einflüsse könnten im Spiel sein, liegt besonders dann nahe, wenn jemand berichtet, dass ihre medialen Fähigkeiten vor einiger Zeit plötzlich verschwunden seien oder dass plötzlich alles in ihrem Leben schief läuft. Ein Energieausgleich kann hier auch Wunder wirken; vgl. dazu die Ausführungen weiter unten.

Du kannst den Versuch machen, anderes Gruppenkarma aufzulösen, wenn alle sich auf eine Bitte einigen. Wenn du das ein paarmal gemacht hast, fordere die Gruppe auf, jeder möge für sich um die Heilung einer problematischen Beziehung bitten - jeder hat eine oder mehrere Dutzend davon. Dann fordere sie auf, eine Situation oder einen Charakterzug, die sie zu verändern wünschen, zu klären. Schließlich weise sie an, um Heilung für eine Krankheit oder einen Zustand zu bitten. Wenn du dann die Gruppe durch mehrere karmische Auflösungen begleitet hast, wird jeder den Prozess erlernt haben und imstande sein, es von da an selber zu tun.

Wer durch diesen Prozess geführt wird, muss selbst um Auflösung bitten. Wer die Herren des Karma nicht selbst bittet, dem wird keine Auflösung von Karma gewährt. Niemand kann das für einen anderen tun, es sei denn er bittet um karmische Heilung für ein kleines Kind. In diesem Fall kann ein Elternteil des Kindes den Prozess durchführen, wobei er/sie zunächst die Herren des Karma damit um Erlaubnis bittet. Tu dies, wenn dein Kind ruht oder schläft und lege deine Hände auf seinen Körper. Wenn das Kind groß genug ist und schon sprechen kann, bitte um seine Mitarbeit. Du wirst erstaunt sein, wie hervorragend sogar ganz kleine Kinder mitmachen. Wenn das Kind groß genug ist, kann es die Frage stellen, wobei die Mutter ihm sagt, worum es bitten soll. Kinder nehmen Wesen wie die Herren des Karma ohne weiteres wahr und freuen sich, wenn sie mit ihnen selber reden. Bitte die Herren des Karma um ihr Erscheinen, und dann bitte das Höhere Selbst des Kindes, die Geistführer und Schutzengel, an der Heilung mitzuwirken.

Als nächstes frage die Herren des Karma, ob die erwünschte Heilung oder Auflösung zum Besten des Kindes ist. Wenn sie zustimmen, bitte sie darum oder lass das Kind sie darum bitten. Wenn das Kind zu klein ist mitzuarbeiten, wird die Mutter die Information erhalten. Wenn das

Kind größer ist, erhält die Mutter vielleicht mit dem Kind die Information, oder das Kind bekommt sie allein. Führe den Prozess genau so durch, wie du es für dich oder einen anderen Erwachsenen tätest, und lass das Kind so viel wie möglich daran teilnehmen. Wenn eine „nein"-Antwort aufgelöst werden muss, bitte die Herren des Karma, es auf dieselbe Weise aufzulösen, wie es bei dir geschieht. Wenn du ein „ja" erhältst, erbitte es „für alle Ebenen und alle Körper. ..", wie du es bei allen anderen Auflösungsprozessen tun würdest.

Kinder werden dich überraschen und in Erstaunen versetzen. Ich habe den Prozess einer Zwölfjährigen beigebracht, die ihn schnell erlernte und ihn ebenso gut und verantwortlich handhabt wie irgendein Erwachsener. Die Herren des Karma gehen gewöhnlich mit Kindern sehr sanft um, und wenn das Kind um etwas Unpassendes bittet, weist man es darauf hin, was es wirklich braucht. Ich führte den Prozess mit einem Fünfjährigen durch, der mich sogar noch mehr verblüffte. Josh hatte eine Menge Probleme im Kindergarten gehabt, und seine Mutter bat mich, den Grund herauszufinden und ihm zu helfen. Sie legte die Hände auf das Kind, das im Bett war, und ich saß am Fußende des Bettes und führte sie hindurch. Zunächst baten wir um den Kontakt mit den Herren des Karma, aber Josh ließ uns warten, bis seine Engel hereinkamen. Er wusste genau, wann das war, und konnte die Herren des Karma ebenso gut sehen. Er teilte uns mit, wo sie waren, wie viele es waren, wie sie aussahen, und er redete die ganze Zeit mit ihnen.

Wir baten um mehrere Verhaltensänderungen, denen Josh und die Herren des Karma zustimmten, und sie wurden gewährt. Wir baten darum, dass der Junge es lerne, in der Schule ganz brav zu sein, andere Kinder nicht zu schlagen oder zu verletzen, dass er lerne, wann er ruhig sein müsse, und dass er seinem Lehrer auf der ganzen Linie gehorche. Als seiner Mutter und mir nichts mehr einfiel, fragten wir Josh, ob er noch um andere Dinge bitten wolle. Ich erwartete irgendetwas Verrücktes und war dann aber völlig überrascht. Er bat darum, dass er merke, wenn er jemanden verletze, weil er sich wirklich nicht sicher sei, wann er das tue, und er wolle doch niemanden verletzen. Er bat auch darum - und damit jagte er seiner Mutter einen großen Schreck ein -, „sich nicht absichtlich selbst zu verletzen". Es kann durchaus sein, dass er genau das in einem früheren Leben getan hat und jetzt die Sitzung gebrauchte, um eine größere karmische Heilung für dieses Leben zu erreichen. Seit dieser Sitzung wurden die Berichte des Lehrers sehr viel besser, und er wurde in der Schule und zu Hause viel ruhiger.

Die Mutter bat noch um etwas anderes, und zwar darum, dass Josh, ohne viel Theater zu machen, abends zu Bett gehe. Was sich jeden Abend beim Schlafengehen abspielte und schon zu einem typischen Verhaltensmuster geworden war, war, dass Josh bis elf Uhr nachts und darüber hinaus wie ein Yo-Yo ins Bett hinein und wieder heraus hüpfte. Seiner Mutter gefiel das gar nicht. Wir baten darum, dass er „am Abend sofort einschläft, wenn er ins Bett geht und wunderbare Träume hat." Wir überzeugten Josh, auch darum zu bitten - die Sache mit den Träumen gefiel ihm. Die Herren des Karma stimmten zu. Von diesem Abend an ist das Kind um acht Uhr ins Bett gegangen und dort geblieben. Es gibt keine Aufregungen mehr am Abend, und am Morgen erzählt er seiner Mutter seine Träume.

Tiere können auf ähnliche Weise geheilt werden. Die Herren des Karma sind bereit, mit ihnen zu arbeiten, und auf meine Frage ließen sie mich wissen, dass unsere Freunde sowohl Seelen als auch Karma haben. Wähle eine Zeit, da das Tier ruhig ist oder schläft. Setz dich und leg deine Hände auf seinen Körper und bitte um Kontakt mit den Herren des Karma. Wenn du mit deinem Liebling telepathisch kommunizieren kannst, bitte ihn, mitzumachen; manche werden das tun. Bitte die Herren des Karma um Erlaubnis für die beabsichtigte Heilung, und sie werden mit „ja" oder „nein" antworten. Lass sie wissen, was dein Wunsch für das Tier ist, und führe den Prozess so durch, wie du es bei einem Kind machen würdest. Die Herren des Karma werden dich alles Notwendige wissen lassen.

Ich schließe aus den Reaktionen meiner Hunde darauf, dass sie auch Bilder oder Eindrücke empfangen. Die karmische Auflösung für ein Haustier wird sich hauptsächlich auf deine Beziehung zu dem Tier beziehen oder auf die Heilung von Krankheiten, Zuständen oder negativen Verhaltensmustern. Wenn du deinen Hund oder deine Katze aus dem Tierheim herausgeholt hast oder wenn du den Verdacht hast, er/sie sei in der Vergangenheit misshandelt worden, bitte um Heilung und Klärung. Wenn du an deinem eigenen Karma arbeitest, vergiss nicht, um karmische Heilung deiner Beziehung zu dem Tier zu bitten, wenn es da Schwierigkeiten gibt. Ich habe bei dieser Arbeit mit Haustieren einige Verbesserungen und Veränderungen erlebt, aber sie sind nicht so überzeugend. Vielleicht müssen wir noch mehr über diese Arbeit zwischen Menschen und Tieren in Erfahrung bringen.

Fortgeschrittene Heiler und diejenigen, die viel Erfahrung im Umgang mit dem Prozess haben, können karmische Auflösung wie Fernheilung durchführen. Dies sollte nicht oft oder leichtfertig gemacht werden, sondern nur dann, wenn es wirklich notwendig ist und kein direkter Kontakt mit der Person möglich ist. Halte dich strikt an die Gebote der Ethik, wenn du dich darauf einlässt. Du kannst dir selber Schaden zufügen - du hast keine Erlaubnis, einen falschen Einfluss auf andere auszuüben oder sie zu manipulieren. Wenn du den Versuch unternimmst, irgendjemanden zu manipulieren - und sei es auch „zu dessen eigenem Nutzen" -, so treffen die Folgen dich, und sie sind schwerwiegend. Dieser Warnung eingedenk will ich nun den Prozess der karmischen Fernauflösung beschreiben, wie er mit der entsprechenden ethischen Grundeinstellung durchgeführt werden kann.

Bitte zunächst um einen Kontakt mit den Herren des Karma, trage deinen Wunsch bezüglich der anderen Person vor und bitte um Erlaubnis dafür. Wenn sie zustimmen, bitte das Höhere Selbst der Person, sich den Herren des Karma und dir anzuschließen. Die Herren des Karma stimmen der Heilung der Person vielleicht nicht zu, bis das Höhere Selbst der Person erscheint. Dafür ist eine tiefere Trance als gewöhnlich erforderlich, und deine Eindrücke werden wahrscheinlich visuell sein. Du wirst die Herren des Karma und die andere Person oder irgendeine Vertretung ihrer Person sehen. Frage das Höhere Selbst der Person, ob es bereit ist, die erbetene karmische Auflösung zu akzeptieren. Wenn es damit einverstanden ist - und nur dann -, bitte die Herren des Karma um Auflösung. Von nun an fahre in derselben Weise fort, wie du es bei einer karmischen Auflösung für dich selbst tun würdest. Wenn du die Arbeit, die du tun willst, beendet hast, danke den Herren des Karma und dem Höheren Selbst der Person, und komme in die Gegenwart zurück.

Gelegentlich bekommst du vielleicht die Erlaubnis, auf diese Weise karmische Heilung für jemand anders durchzuführen. Bei einigen Bitten wird man dir sagen, dass die Person bewusst darum bitten muss. In anderen Fällen werden die Bitten leicht gewährt. Wenn überhaupt möglich und so bald wie möglich wiederhole die Auflösung, während die Person bewusst daran teilnimmt. Beschränke dich darauf, die Heilung auf diese Weise nur dann durchzuführen, wenn es keine andere Option gibt und die Auflösung eindeutig und sofort notwendig ist. Ich habe mit einer anderen Frau zusammen solche Auflösungen für eine gemeinsame Freundin durchgeführt. Die Frau braucht die Heilung, aber man kommt nur schwer an sie heran. Wir haben die Bitten aufgelistet und lesen sie ihr am nächsten Tag am Telefon vor, und dann gehen wir bewusst die Liste durch wenn möglich. Sie ist mit dem Prozess einverstanden und dankbar dafür. In ihrem Tun und ihrem Leben wird die fortschreitende Heilung sichtbar. Man sollte jedoch Karmaauflösungen dieser Art nur mit großer Sorgfalt durchführen.

Die folgenden Kapitel enthalten Techniken für die Heilung des Seelenkerns, die von den Herren des Karma übermittelt worden sind.

TEIL II

Energieausgleich

Aufstieg und das Höhere Selbst

Ein großer Teil des Sinns karmischer Auflösung liegt in der Heilung all der Schäden, die wir aus all unseren vielen Leben auf der Erde davongetragen haben. Dies schließt Schädigungen der Energiekörper, der Schablonen, der Persönlichkeits„selbste“, der Chakren und des übrigen menschlichen Energiesystems ein, das eine Zusammenfassung dessen ist, was wir sind. Hat man einmal gelernt, die karmischen Blockaden aus dem physischen Körper und jenen, die ihn einhüllen, zu entfernen, ist dies der nächste Schritt. Die meiste karmische Auflösung und Heilung findet im Mentalkörper und im Geistgitter statt und beeinflusst die mentale, emotionale, ätherische und physische Ebene. In unseren vielen Inkarnationen hat jedoch vielleicht unsere Energie jenseits davon Schaden genommen. Der ätherische Doppelgänger und der astrale Zwilling können leicht verletzt werden und das Geistgitter, der spirituelle Körper und der Kausalkörper auch. Dieser Schaden fällt nicht so leicht auf und ist ein eher technischer Teil des menschlichen Karmas, und die Heilung geht auch weniger leicht vonstatten.

Während das Essenz-Selbst und das Göttin-Selbst durch den inkarnationsbedingten Verschleiß nicht beschädigt werden können, können die Schablonen auf allen Ebenen verletzt, geschlossen werden und sind oft falsch ausgerichtet. Die Chakren auf der Hara- und Kundalini-Linie brauchen vielleicht auch Heilung und Ausrichtung. Ein Energiekörper oder mehrere arbeiten vielleicht nicht optimal. Obwohl ein großer Teil unseres Energiesystems sich selber heilt, so ist die Heilung doch - handelt es sich um mehr als eine oberflächliche Schädigung - oft nicht vollständig. Wir sind in vielen Körpern gewesen, viele Male auf der Erde und anderen Planeten, und haben alle Arten von Traumen und Leiden erlebt. Die meisten von uns sind bis auf die Seele erschöpft, und ein Überschuss an nichtphysischer Energie, der für eine vollständige Selbstheilung nötig wäre, ist nicht vorhanden. Oft erfordert dieser Schaden Arbeit auf Ebenen, derer sich die meisten Menschen nicht bewusst sind. Konzentrationsschwäche, Multiple-Persönlichkeitsstörungen, Krebs, einige Erbkrankheiten und Depression sind Beispiele für eine wahrscheinliche Energieschädigung der äußeren Ebenen der Aura oder der Persönlichkeits„selbste".

Zusätzlich sind die Energieschübe des Planeten Erde während der gegenwärtigen Erdveränderungen noch mehr Herausforderungen für unser Leben und unsere Energiekörper. Einige Zwillingsseelen, wahre Seelengefährten, in Erwartung, ihr Leben zusammen zu verbringen, wurden durch Abweichungen der Erdenergie zur Zeit dieser Inkarnation verletzt. Statt mit unseren Seelengefährten in diesem Leben verbunden zu sein, verursachte der Schaden Risse in unserer Verbindung und Vereinigung und viel Herzeleid. Ich erfahre oft Beispiele von einer Frau, die ihren Seelengefährten kennt, aber dieser weigert sich, sie zu erkennen oder ihre Beziehung anzuerkennen. Die Frau weiß, dass sie mit diesem Menschen viele Leben verbracht hat, und kann nicht verstehen, dass der Partner das nicht erkennt und seine Haltung jetzt so schwankend ist. Das habe ich auch in meinem Leben erfahren. Paare, die zwischen 1946 und 1966 geboren sind, sind besonders betroffen. Die Herren des Karma haben uns versprochen, dass dieser Schaden durch karmische Gnade und die Erdveränderungen geheilt wird und dass wir mit unseren Seelengefährten in diesem Leben wieder vereint werden.

Der Planet und die Menschen werden auch kontinuierlich durch größere und ein- und aussetzende Energiestöße beeinflusst. Der Eintritt der

Erde in den Einflussbereich des Photonengürtels, ein Streifen transformativer Energie, ist schon geschehen, und seine Wirkungen werden bis 2013 weiter zunehmen. Dieses Energiefeld zerstört mechanische Objekte wie Flugsicherungssysteme und führt zu Änderungen im Fühlen und Denken der Menschen. Der Photonengürtel hat die energetische Schwingung des Menschen beschleunigt, und die Folge ist eine Zunahme der psychischen Wahrnehmungsfähigkeit, was manche vielleicht verunsichert hat. Wir werden durch diese Energie gezwungen, unser ganzes Potential auszuleben, und das ist nicht schlecht, aber die Veränderungen können intensiv sein. Die Schwingung des Planeten erhöht sich und geht mit unserer einher. Die Erde hat die dritte Dimension verlassen und durchquert nun die vierte. Wir werden bald in die fünfte Dimension eintreten, jenseits derer Karma nicht existiert. Diese Änderungen haben die Herren des Karma uns durch ihre Gnade und Auflösung gebracht, und obwohl jetzt viel durch die Energie der Erde zerstört wird, sind die meisten Veränderungen letztlich positiv.

Eine der weniger positiven Veränderungen der Erde fand vor kurzem statt. Im September 1996, gerade zu der Zeit als der Planet Merkur drei Wochen lang rückläufig war - was etwa dreimal im Jahr der Fall ist -, wurde auch die Erde vorübergehend rückläufig. Das hatte es in der Astrologie noch nie gegeben, und es war das geringere von zwei Übeln. Wäre das nicht der Fall gewesen, hätte es große planetarische Katastrophen mit ungeheuren menschlichen Verlusten gegeben. Dennoch schien durch die Rückläufigkeit der Erde jede Negativität der Erde aufgelöst zu werden. Bei vielen Menschen, zum größten Teil Sensitiven, traten schwerwiegende Energieschäden am ätherischen und emotionalen Körper auf, ebenso an den Kundalini- und Hara-Chakren. Die negativen Folgen dauerten bis zum Ende des Jahres 1996 an. Dies ist die Erklärung für jene Menschen, deren Leben plötzlich im September zu einem Alptraum wurde. Der größte Teil der energetischen Schäden aus dieser Zeit ist jetzt aufgelöst worden, aber da ist immer noch viel auf der Erde, was der Heilung bedarf. Während etwas von dem in vielen

Inkarnationen entstandenen Schaden im Stadium-zwischen-den-Leben repariert wird, kann der größte Teil davon nur geheilt werden, während wir uns in physischen Körpern befinden.

Ein weiterer Faktor der Erdveränderungen ist der Aufstieg, wie ihn manche Sensitive bezeichnen. Viele ungeheuerliche Geschichten haben sich darum gerankt, die in der Voraussage gipfelten, dass Hunderte oder Tausende von uns in drei getrennten Wellen eines Tages verschwinden würden. Diese würden sich in einem Raumschiff wiederfinden, während ihre Familien keine Ahnung von ihrem Aufenthaltsort haben würden. Dies trifft so sicher nicht zu. Nach meinem Verständnis ist der Aufstieg das letzte Ziel karmischer Auflösung und karmischer Gnade. Haben wir einmal den größten Teil oder alles von unserem immer noch vorhandenen Leid und Energieschaden aus früheren Leben aufgelöst, sind wir vom Rad der Wiedergeburt befreit. Wir müssen uns nicht länger reinkarnieren, da wir, was wir lernen mussten, aus dem Prozess gelernt haben, und können uns nun weiter entwickeln. Viele, die in diesem Leben dem Planeten dienen, werden sich nicht länger hier reinkarnieren, was schon weiter oben ausgeführt worden ist, und müssen ihr auf der Erde und in einer Inkarnation auf der Erde angesammeltes Karma bereinigen.

Aufstieg bedeutet, dass wir nach dem Tode nicht mehr den Prozess der Wiedergeburt zu durchlaufen haben. Davon ausgenommen sind vielleicht jene, die zurückkehren, um anderen zu helfen: die Bodhisattvas, von denen sich viele jetzt hier für die Erdveränderungen inkarniert haben. Indem wir unser Karma mithilfe des Karmaherren-Prozesses und auf andere Weise auflösen, befreien wir ebenso unser Geistgitter und das des Planeten (Erdgitter) von Karma. Die Erde und schließlich alle, die hier leben, werden auch nicht länger dem Karma oder unfreiwilliger Wiedergeburt unterworfen sein. Karma ist jenseits der vierdimensionalen Energieschwingung kein Teil der Organisation oder des Gesetzes der Planeten, und die Erde erreicht jetzt durch die Veränderungen die fünfte Dimension. Nachdem wir unsere irdische Akasha-Chronik gereinigt und das Karma des Planeten durch unseren Dienst gereinigt haben, können wir aufhören mit den Inkarnationen und unsere Entwicklung anderswo fortführen. Viele Heiler und Lehrer haben jetzt ihre letzte Inkarnation auf der Erde. Wenn wir wieder in einen Körper eintreten, werden wir das auf anderen Planeten tun. Inkarnationen auf der Erde gelten als schwieriger als die meisten anderen, und nachdem wir diesen Planeten vor der Zerstörung gerettet haben (oder zumindest unser Bestes gegeben haben), haben wir hier unsere Arbeit fast zu Ende gebracht.

Aber was soll all das Gerede über ein Raumschiff? Viele Leute träumen von den Schiffen, und einige wenige haben das Privileg, sie zu sehen. Es sind die Sammelpunkte für Seelen, die gestorben sind und sich auf diesem Planeten nicht mehr inkarnieren werden. Von den Schiffen werden wir zu unseren Ursprungsplaneten gebracht werden, mit unseren Partnern und Seelenfamilien. Niemand von uns stammt von der Erde; jeder Bewohner hier wurde von anderswo hierher gebracht. Die meisten von uns kamen von einem der Planeten in der Gruppe der Plejaden, und ein paar Seelen stammen vom Sternensystem des Sirius oder Orions. Wenn du Träume gehabt hast, in denen du dich mit anderen in einem etwas schäbigen Erholungsraum mit getäfelten Wänden, Linoleumfußböden und primitiven Plastikmöbeln im Stil der Fünfziger Jahre aufgehalten hast, dann bist du auf den Schiffen gewesen! Sie jagen einem keinen Schrecken ein, aber sie brauchen einen Dekorateur. Vielleicht hast du Träume oder Visionen gehabt, in denen du dich in einem grauen Raum befindest, wie in einer engen Kabine, deren Wände aus Teppichen bestehen - dies sind die Schlafräume auf den Schiffen. Wenn in deinen Träumen Aufzüge vorkommen oder du beim Einschlafen oder Aufwachen das Gefühl hast, als ob du „hinauffällst“ (oder hinunter), dann hast du während des Traums die Schiffe aufgesucht. Träume, in denen man zur Schule geht oder eine Universität besucht, können auch etwas mit den Schiffen zu tun haben oder sind Träume der Heimkehr. Einige davon können auch Erinnerungen an das Stadium-zwischen-den-Leben sein.

Außer in unseren Träumen werden wir nicht die Schiffe aufsuchen, bevor wir nicht den Tod als den normalen Schlusspunkt unseres Lebens hinter uns gebracht haben. Es sind unsere Fahrzeuge für die Heimkehr zu unserem Ursprungsplaneten, was Anlass zum Feiern sein sollte. Wir verschwinden nicht eines Tages en masse oder werden von Außerirdischen entführt. Wenn wir zu den Schiffen gehen und nach Hause kommen, werden wir uns dieser Tatsache voll bewusst sein. Wir können jedoch nur gehen, wenn wir unser Erdkarma bereinigt und den Schaden an unserem Energiesystem und dem Seelenkern, der uns in so vielen Leben auf der Erde entstanden ist, repariert haben. Um diesen Aufstieg voll bewusst durchzuführen, müssen wir unsere Persönlichkeits„selbste" aktiveren, besonders unser Höheres Selbst, und uns mit ihnen wieder verbinden. Die Energie des Höheren Selbst muss in die dem physischen Körper anliegenden Aurakörper gebracht werden, wodurch die Heilung unseres astralen Zwillings und ätherischen Doppels und die Verschmelzung mit ihnen vollendet werden.

Ist dies geschehen, wird das Höhere Selbst stark genug, um die Energie unseres Essenz/Sternenselbstes zu empfangen und sie in die dem physischen Körper anliegenden Körper zu lenken. Das Essenz-Selbst ist unsere Akasha-Chronik, und wenn diese Energie in bewusste, dem physischen Körper naheliegende Ebenen eintritt, wird die Bereinigung unseres Karmas und die Heilung aller energetischen Schädigungen in früheren Inkarnationen vollendet.

Der letzte Prozess ist die Aktivierung unseres Göttin-Selbst/unserer Überseele. Es kann sich anschließen und mit dem Essenz-Selbst vereinigen, und dadurch werden wir uns unserer Wirklichkeit bewusst, wer wir in Wahrheit als Seelen sind und Mitglieder einer intergalaktischen Gemeinschaft von vielen Planeten und Galaxien. Vielleicht folgt dann auch die vollkommene Einswerdung mit der Göttin. All unsere vielen Leben auf der Erde hindurch sind wir von diesen Teilen unserer Wirklichkeit abgetrennt gewesen, aber jetzt können wir wieder eins werden.

Die Menschen auf der Erde sind vom größten Teil ihres Seins abgeschnitten gewesen, aber die Zeit, dass sich das ändert, ist gekommen.

Ein weiterer Aspekt des Energieausgleichs, der Karmaauflösung und des Aufstiegs ist die Heilung unserer DNS. Die menschliche DNS ist viel mehr als die zweisträngige Doppelhelix, wie man es uns gelehrt hat. Unsere DNS besteht aus zwölf Strängen, von denen zehn irgendwann in der Erdgeschichte, wahrscheinlich viel früher, als wir denken, außer Funktion gesetzt worden sind. Meine Vermutung ist, dass dieser Vorgang mit der Ablösung des Matriarchats der Göttin durch das Patriarchat in alttestamentlichen Zeiten zusammenhing. Mit dem Verlust der vollen Ausstattung der aktiven DNS verloren wir unsere übersinnlichen Fähigkeiten, die Erkenntnis unseres wahren Seins und unser Wissen von anderen planetarischen Zivilisationen und ihrer Wechselwirkung untereinander. Unser Wissen von unseren äußeren „Selbsten" und Energiekörpern ging verloren. Ein großer Teil des Schadens, der menschliche Energie betraf, ist die Folge der Schädigung unserer DNS gewesen, die die Genetik für alle Lebensformen des Universums enthalten soll, eine Art „Lebensbibliothek". Die Deaktivierung fand während eines Kriegs zwischen den Planeten statt, um unsere Geschicke zu kontrollieren. Eine Zeit lang war der Sieg auf der Seite der Bösen, und die Kämpfe gehen noch weiter, aber die Guten werden die Herrschaft erringen. Jetzt ist die Zeit gekommen, dass unsere DNS repariert, unsere Energie wiederhergestellt, das Karma aufgelöst wird und dass wir vollkommen verstehen, wer wir in Wahrheit sind.

Der Energieausgleich-Prozess, der im nächsten Kapitel beschrieben wird, ist ein Schritt in Richtung Heilung und Wiederherstellung. Er wurde mir ein Stück nach dem anderen nach dem September 1996 mitgeteilt, als die Erde rückläufig war und ich daran arbeitete, meine eigene ernste Energieschädigung aus jener Zeit zu heilen. Ich arbeite persönlich mit den Herren des Karma und mit Brede, dem Schutzengel des Planeten, der jetzt häufig auf der Erde erscheint. Es handelt sich um die keltische göttliche Jungfrau Brigit, von der man in jüngster Zeit glaubt, sie sei die Jungfrau Maria, die in Medjugorje und an vielen anderen Orten auf mehreren Kontinenten erscheint, auch in Clearwater, Florida. Ihr Bild ist auf dem Einband meines Buches *Geistheilung mit Geistführern und Engeln (Psychic Healing with Spirit Guides and Angels).* Während einer meiner Heilmeditationen leitete mich Brede an, die Herren des Karma schrittweise um eine Reihe von Dingen zu bitten, von denen ich das meiste damals nicht verstand. Die Ergebnisse waren so heilsam, wohltuend und erfreulich, dass ich die Aufeinanderfolge der einzelnen Schritte niederschrieb und anfing, sie bei anderen einzusetzen. Ich habe einige Zeit gebraucht, um überhaupt zu verstehen, was die Schritte bedeuteten und was damit erreicht werden kann. Zusätze zu dem Prozess wurden hinzugefügt während einer Periode von vier Monaten, als ich bereit war, sie anzunehmen.

Wenn man diesen Energieausgleich-Prozess durchführt, wird man sich stärker lebendig, ganz und stabil auf der Erde und in seinem Alltag empfinden. Er beseitigt Energiestörungen und repariert und gleicht das ganze Energiesystem aus. Der Geist wird klarer, und die Gefühle werden fester und ruhiger sein. Der Sinn des Lebens wird besser erfasst und leichter in die Praxis umgesetzt werden. Bei diesem Prozess stellt sich ein starkes Gefühl der Erleichterung, des Friedens und der Freude ein, ein Wohlbefinden, dass dauerhaft zu sein scheint und nur eine kleine Ergänzung braucht. Wir lernen die Mechanismen unseres Energiesystems kennen, wie das bei mir der Fall war, und erfahren den Zauber der Erkenntnis, wer wir eigentlich sind, indem wir die Grenzen des geringen Wissens von unserem physischen Körper übersteigen. Die meisten Heiler haben eine gewisse Wahrnehmung der Ebenen, die unserem physischen Körper nahe sind, aber nicht der Ebenen jenseits davon. Der Energieausgleich-Prozess führt zu einem neuen Verständnis der näheren Ebenen und gibt eine Einführung zu den weiter entfernten Ebenen.

Der Kontakt mit dem Höheren Selbst ist ein direkter Weg, den astralen Zwilling, das innere Kind, zu heilen. Das bedeutet die Heilung aller Verletzungen des Kind-Selbstes, ob der Schaden durch Inzest oder

Missbrauch entstanden ist oder einfach dadurch, dass wir während unseres Heranwachsens den wesentlichsten Teil unseres Seins verdrängen mussten. Das astrale Selbst ist unsere Lebensfreude, und wir müssen seinen Rücken vollständig heilen. Wenn sich das Höhere Selbst dem astralen Zwilling anschließt und mit ihm verschmilzt, bedeutet das auch die Heilung des ätherischen Doppels, des unbewussten Kleinkindes in uns, das unsere Ängste beherbergt und vielleicht Wünsche hat, die dem Erwachsenen unerklärlich erscheinen. Alpträume, die wiederholt auftauchen, verschwinden dadurch vielleicht, zusammen mit unserer Angst vor anderen und dem Mangel an Lebensvertrauen. Mit dem Eintritt des Höheren Selbstes heilen wir unser inneres Kleinkind und Kind und bekommen Zugang zur jungfräulichen Göttin unseres Wesens.

Der Eintritt des Essenz-Selbstes, der Mutter, wird in einem späteren Kapitel beschrieben. Es ist der nährende Aspekt unseres Wesens, unsere Fähigkeit, für uns und andere auf eine reife und kompetente Weise zu sorgen. Das Essenz-Selbst enthält die Erinnerung an all unsere Leben, unsere vollständige Akasha-Chronik, und speichert die Erfahrung all dessen, was wir in jenen Inkarnationen gelernt haben. Es weiß, wie mit den Dingen umzugehen ist, wenn wir das nicht wissen, ebenso wie unser Höheres Selbst, so dass wir, wenn wir im Leben Hilfe brauchen, beide um Unterstützung und Hilfe bitten können. Während sich das Höhere Selbst gut auf Heilen, Beruhigen und Lösen irdischer Probleme versteht, kann das Essenz-Selbst bei scheinbar unlösbaren karmischen Energieproblemen helfen. Es ist sowohl Heiler als Seelenmechaniker. Es ist auch ein Engel, und Engel haben einen guten Ruf als Beschützer, sie können Wunder vollbringen und Geschenke an die Menschen austeilen. Vergiss nicht, dass das Essenz-Selbst mit dir identisch ist. Es ist liebenswürdig, fröhlich und sehr stark.

Unsere Göttin-Selbst/Überseele ist das letzte „Selbst“, das auf körpernahe Energieebenen herabgeholt werden kann. Dieser Vorgang wird auch später beschrieben. Wenn das Göttin-Selbst in deine Energie eintritt, schließt es sich gewöhnlich an das Essenz-Selbst an und wird eins mit ihm. Das Essenz-Selbst hat sich wiederum deinem Höheren Selbst angeschlossen und sich mit ihm vereinigt, und das Höhere Selbst hat sich dem astralen Zwilling angeschlossen und sich mit ihm vereinigt. Mit der Hilfe des Höheren Selbstes schließt sich der astrale Zwilling an das ätherische Doppel an und vereinigt sich mit ihm. Dieses hat direkten Kontakt mit dem physischen Körper und dem Körperbewusstsein. Da diese Energien sich miteinander verbinden und den physischen Körper beeinflussen, kann sich in deinem Leben alles zum Besseren wenden. Eine fast unmittelbare Folge der Integration deines Göttin-Selbstes ist eine allmähliche Abnahme und das Verschwinden von Depressionen. Du wirst dich auf der Erde stärker zu Hause fühlen und besser imstande sein, trotz der Schwierigkeiten einer Inkarnation in der Zeit von Erdveränderungen und häufigen planetarischen Energieschüben hier optimal tätig zu sein. Bitte dein Göttin-Selbst um das, was du dir am meisten wünschst. Es ist die weise Alte, die allwissende und allgebende Großmutter. Sie ist du und transzendierende ekstatische Freude.

Dein Göttin-Selbst ist nicht die Göttin, aber wenn es sich mit deinen anderen Energie„selbsten" vereinigt hat, kann die Göttin eingeladen werden. So wie dein Essenz-Selbst sich einer Gruppe von anderen Essenz-Selbsten anschließt, um eine Überseele (Göttin-Selbst) zu bilden, so schließt sich eine Gruppe von zwanzig bis vierzig Überseelen unter der Obhut einer Göttin zusammen. Du wirst wahrscheinlich der Göttin begegnen, deren Namen dich am meisten bewusst angezogen hat oder dessen du dir bewusst bist, wenn du sie einlädst, mit deiner Energie und anderen „Selbsten" zu verschmelzen. Die Erfahrung dieser Vereinigung kann nur als reines Licht beschrieben werden.

Der Energieausgleich repariert und verbindet erneut auch unsere DNS und bringt eine Heilung des Seelenkerns zustande. Unter dieser Heilung verstehe ich die Ausbesserung, Auffüllung, Ausrichtung und Aktivierung des optimalen Energieaustausches aller Körper und aller unserer Wesenskomponenten. Die Schablonenklappen zwischen den Körpern, die den freien Zufluss der Energie von einer Ebene zur nächsten regeln, werden gereinigt und aktiviert. Die Chakren werden gereinigt und ausgerichtet und ihre Funktionen ausgebessert und ausgeglichen. Während sich dies alles sehr kompliziert anhört - und das ist es auch -, ist der Prozess einfach, sanft und sicher. Ich habe ihn für mich durchgeführt, für viele andere Erwachsene, für den fünfjährigen Josh (der es toll fand) und für meine Hunde. Copper informierte mich, dass er das schon ein paar Mal getan hätte, während Kali selig war. Die meisten Menschen erleben bei diesem Prozess eine Art Seligkeit - er befähigt uns, uns voller Freude über das Leben zu erheben, ein Aufschwung, den wir in diesen Zeiten dringend brauchen, und Balsam für die erschöpfte Seele so vieler Menschen.

Die grundlegende Meditation für den Energieausgleich wird im nächsten Kapitel angegeben, und weitere Informationen über ihren Gebrauch folgen später. Die letzten Kapitel befassen sich mit der Integration des Essenz- und Göttin-Selbstes und der persönlichen Göttin. Wie diese Integration gebraucht wird, um die Hara- und Kundalini-Chakren zu reinigen und auszurichten, wird erläutert. Selbst wenn du den Seelenmechanismus des Prozesses nicht verstehst, wende ihn doch an und empfange seine Wohltaten. Die Bedeutung dieser Wohltaten brauchst du nicht zu verstehen.

Der Prozess des Energieausgleichs

Der Energieausgleich-Prozess ist wie der Karmaherren-Prozess eine Meditation. Man muss jedoch dafür tiefer entspannt sein, und es ist wahrscheinlich am besten, wenn man ihn im Liegen durchführt. Der grundlegende Prozess, wie er weiter unten beschrieben wird, dauert etwa eine halbe Stunde, und es sollte keine Unterbrechung geben. Danach kommt vielleicht das Bedürfnis auf, sich ein wenig länger im Feld der Energie und des Höheren Selbstes aufzuhalten, und das ist durchaus zulässig. Nach der Meditation wird sich herausstellen, dass man nicht schwerfällig ist und sich sehr wohl fühlt. Man wird sich geerdet, ruhig und voller Freude fühlen. Wie man dieses Wohlbefinden auf Dauer erhalten kann, wird in späteren Kapiteln dargelegt, weitere Informationen über Energieheilung folgen ebenfalls.

Bei der Durchführung dieses Prozesses ist es äußerst wichtig, einen Schritt nach dem anderen zu tun. Die Herren des Karma werden nicht zulassen, dass man zu einem Schritt außerhalb der vorgezeichneten Ordnung übergeht. Es ist auch wichtig, jeden Schritt vollständig auszuführen, bevor man um den nächsten bittet. Bei jedem Schritt wird man, sobald man darum bittet, Energieimpulse spüren. Es ist gut, sich während dieser Impulse zu entspannen, bis sie aufhören, und nicht weiter zu gehen, bis der Energieprozess auf jeder Ebene vollendet ist. Die Impulse dauern bei jedem Schritt annähernd fünf Minuten, wobei die Rückverbindung mit der DNS möglicherweise mehr Zeit beansprucht.

Die Bitte um vollständige Seelenkernheilung wird in der Meditation gewährt, aber ihre Wirkungen halten danach eine Weile an. Man kann zum nächsten Schritt im Prozess weitergehen, sobald die Energieimpulse aufhören.

Die Wahrnehmungen, die du machst, unterscheiden sich vielleicht von allem, was du zuvor erlebt hast. Vielleicht siehst du Farben und Lichtmuster, Spinnräder, Spiralen, geometrische Figuren oder Regenbögen. Die Farben gehören vielleicht nicht dem irdischen Spektrum an. Vielleicht spürst du Hitze oder Kälte, spürst, wie Wasser durch deinen Körper fließt oder wie Energieimpulse sich ziemlich schnell vom Kopf zu den Füßen hin auszubreiten scheinen. (Wenn sie die Füße erreichen, hören sie gewöhnlich auf, und dann ist auch der Schritt in der Abfolge beendet.) Vielleicht hörst du Musik oder riechst Blumen. Wenn dein Höheres Selbst eintritt, wirst du es fühlen, hören, mit ihm sprechen können und es sehen. Später, beim Eintritt deines Essenz-Selbstes, ist es sogar noch wahrscheinlicher, dass sich ein visuelles Bild einstellt. Es treten vielleicht Bilder und Impulse auf, die du niemals vorher wahrgenommen hast, aber alle werden angenehm sein. Während des Prozesses wirst du angeregt sein und doch Frieden empfinden.

Finde zunächst einen bequemen Platz, wo du dich hinlegen kannst. Das kann das Bett sein, wenn du es fertig bringst, nicht einzuschlafen, aber ein weicher Teppich auf dem Fußboden ist vielleicht idealer. Wähle eine Zeit, da du allein bist und es keine Unterbrechung geben wird, und nimm den Hörer von der Gabel. Der Prozess kann auch als eine Gruppenmeditation durchgeführt werden, aber wenn du mit einer Gruppe arbeitest, stelle sicher, dass jeder Schritt vollständig durchgeführt ist, bevor zum nächsten übergegangen wird. Auch sollte die Leiterin ihren Energieausgleich vollzogen haben, da sie nicht beides zur selben Zeit tun kann. Sie sollte mit dem Prozess vertraut sein und dem, was bei jedem Schritt geschieht. Bist du allein, kannst du vielleicht den Abriss des Prozesses bei dir haben (vgl. Anhang II), um dich während des Prozesses darauf zu beziehen. Die Meditation vom Band zu hören, ist weniger wirksam, es sei denn du kannst das Band an- und abstellen, während du auf das Ende jedes Schrittes wartest. Der Energieausgleich wird am besten von jenen durchgeführt, die Erfahrung mit der Arbeit mit den Herren des Karma haben.

Lege dich hin und entspanne dich. Vielleicht möchtest du deine Schuhe ausziehen und den Gürtel lockern. Entspanne dich einige Augenblicke und mache ein paar tiefe Atemzüge. Bringe deinen Körper und deine Gedanken zur Ruhe. Wenn du bereit bist anzufangen, *bitte um den Kontakt mit den Herren des Karma.* Du wirst sie wahrnehmen, wie du es bei anderer karmischer Energiearbeit tust. Dieses Mal jedoch wird der Prozess, wenn du die Bitte stellst, sofort eintreten, es sei denn du erhältst ein „nein" als Antwort. Du wirst nicht „ja" oder „gewährt" hören. Wenn du irgendwann einmal ein „nein" erhältst, unterbrich den Energieausgleich-Prozess und frage, was du tun musst, um das „nein" aufzulösen, bevor du weitermachst. Das passiert selten, wenn die einzelnen Schritte korrekt aufeinanderfolgen. Als das einmal der Fall war, wurde der Frau mitgeteilt, sie sollte sich um karmische Auflösung der Vergewaltigung bemühen, deren Opfer sie in diesem Leben gewesen war. Als sie darum bat und um Auflösung und karmische Trennung von ihrem Täter, wurden ihr die Bitten gewährt, und es wurde ihr gestattet, den Energieausgleich zu vollenden.

Für den ersten Schritt bitte die Herren des Karma, *alle deine Energiekörper und die Verbindungen zwischen den Energiekörpern auszurichten.* Verwende meine Formulierung exakt für diese Bitten, da ich mit verschiedenen Formulierungen experimentiert habe, um herauszufinden, welche die beste Wirkung hat. Falls du kein „nein" als Antwort hörst, werden die Energieimpulse einsetzen, manchmal sogar bevor du deine Bitte beendet hast.

Bleibe ruhig liegen und genieße die Impulse, solange sie anhalten. Behalte einen klaren Kopf, und versuche nicht zu analysieren, was geschieht. Bleibe ruhig, bis die Impulse aufhören, dann kannst du zum nächsten Schritt im Prozess weitergehen.

Die Energiekörper sollen dieselbe Ausrichtung haben. Wenn das nicht der Fall ist - und eine solche Verschiebung tritt ziemlich leicht ein -, werden der Energiefluss und die Information von einer Ebene zur nächsten behindert. Es gab z.B. über einen langen Zeitraum meines Lebens hinweg viel Geplapper in meinem Kopf. Manchmal störte es mich und flößte mir sogar Angst ein, und alle Heilungsversuche, die ich unternahm, konnten es weder abschwächen noch beseitigen. Diese erste Bitte des Energieausgleich-Prozesses machte dem komplett ein Ende. Treten Anzeichen der Rückkehr auf, bitte ich einfach um Angleichung der Körper, und sie verschwinden. Dies war der Anfang meiner Energieausgleichsarbeit und ursprünglich der einzige Schritt. Er ist von äußerster Wichtigkeit.

Wenn die Körperangleichung beendet ist, bitte die Herren des Karma, *deine Ka Schablone zu reinigen, zu heilen, auszurichten, zu öffnen und zu aktivieren.* Warte wieder, bis die Impulse aufhören, bevor du weitergehst. Die Ka Schablone ist eine Energieklappe, die unseren physischen Körper mit der Ebene des ätherischen Körpers verbindet. Die Verbindung findet direkt durch dein Wurzel (Kundalini)-Chakra und dein Perineum (Hara)-Chakra statt. Bitten um Heilung der Schablonen wird sofort stattgegeben, und die Heilung schreitet schnell voran, solange die Reihenfolge beachtet wird.

Wenn der Impuls aufhört, gehe zur nächsten der fünf Schablonen über und bitte um dasselbe. Bitte die Herren des Karma, *deine ätherische Schablone zu reinigen, zu heilen, auszurichten, zu öffnen und zu aktivieren.* Wieder werden Energieimpulse auftreten. Gehe erst weiter, wenn sie aufhören. Die ätherische Schablone verbindet den Ätherkörper mit dem Emotional/Astralkörper durch das Herz (Kundalini)- und Thymus (Hara)-Chakra. Denke daran, dass das rückwärtige Herzchakra der Anknüpfungspunkt für die Silberschnur ist, wo sich die Persönlichkeits„selbste" und die Göttin miteinander und dem Körper verbinden. Dies ist eine sehr wichtige Schablone, die bei den meisten Menschen Heilung benötigt.

Als nächstes bitte die Herren des Karma, *deine ketherische Schablone zu reinigen, zu heilen, auszurichten, zu öffnen und zu aktivieren.* Es wird eine neue Gruppe von Impulsen auftreten. Gehe erst weiter, wenn sie aufhören. Die ketherische Schablone verbindet den Emotionalkörper mit dem Mentalkörper an der Stelle des Dritten Auges (Kundalini) und des Kausalkörperchakras (Hara). Hier hat man Zugang zum Geistgitter und zu aller karmischen Reinigung und Auflösung. Diese Schablone verbindet unser Denken mit den Gefühlen und dann die Gefühle mit dem Körper.

Wenn die Impulse aufhören, bitte die Herren des Karma, *deine himmlische Schablone zu reinigen, zu heilen, auszurichten, zu öffnen und zu aktivieren.* Nimm die neuen Impulse wahr, die auf dieser Ebene intensiver sein können. Die himmlische Schablone verbindet den Mentalkörper mit dem spirituellen Körper und damit auch das Scheitelchakra (Kundalini) mit dem Transpersonalen Punkt (Hara-Chakra). Der spirituelle Körper gibt uns Zugang zu unserem Höheren Selbst, und die himmlische Schablone muss gereinigt und aktiviert werden, damit das Höhere Selbst, das Essenz-Selbst oder das Göttin-Selbst eintreten können. Warte, bis die Impulse abklingen, bevor du weitergehst.Das mag ein wenig länger dauern als bei den Energieimpulsen der vorangegangenen Schablonen.

Dann bitte die Herren des Karma, *deine Ich-Bin-Schablone zu reinigen, zu heilen, auszurichten, zu öffnen und zu aktivieren.* Die Impulse, die mit dieser Öffnung einhergehen, sind vielleicht sehr intensiv, und du magst einige Minuten lang ein Gefühl des Unbehagens in deinem Halschakra haben. Die Ich-Bin-Schablone verbindet den spirituellen Körper mit der unteren Ebene des Kausalkörpers. Hier gibt es keine Verbindungen zu Hara- oder Kundalini-Chakren, da diese Schablone sich gänzlich jenseits der Energieebenen befindet, die dem physischen Körper nahe sind. Diese körpernahen Ebenen finden hier den Anschluss an das Essenz/Sternenselbst, und die Reinigung der Schablone ist nötig, um seine Energie in dein Bewusstsein hineinzubringen.

Es war ein Fünfjähriger, der diese Schablone für mich entdeckte. Ich hatte die Karmaherren-Sitzung und den Energieausgleich (soweit ich ihn zu jener Zeit kannte) mit Josh durchgeführt. Als seine Mutter und ich zu Ende kamen oder glaubten, wir hätten das Ende erreicht, und das Kind allein ließen, damit es einschliefe, rief er uns zurück. „Ihr habt einen 'temple' (das Wort erinnert an 'template' = Schablone; Anm. d. Übers.) vergessen“, sagte er. Ich bat ihn, mir mehr darüber zu sagen, und er sagte, es sei der „Ich-Bin-temple“. Wir wandten uns wieder den Herren des Karma zu, um dessen Vorhandensein zu verifizieren, und baten um Heilung für Josh. Dann musste ich es für mich selber versuchen. Auf dieser Ebene Reinigungsarbeit zu tun, ist die Erfahrung einer größeren spirituellen Öffnung. Wenn man den Energieausgleich bei einem kleinen Kind durchführt, wird man die Schablonen reinigen, aber das Höhere Selbst des Kindes wahrscheinlich nicht hereinholen. Bittet die Herren des Karma um Weisung.

Halte dich in diesem Energiefeld einige Minuten auf, und wenn die Schwingungen sich wieder verändern, bitte die Herren des Karma, *deine zwölfsträngige DNS neu zu verbinden, zu heilen und zu aktivieren.* Neu zu verbinden reicht nicht aus. Die Verbindungen müssen auch geheilt und aktiviert werden. Dieser Schritt in der Reihe benötigt mehr Zeit als die anderen, und die Wahrnehmungen sind am interessantesten. Mehrere haben berichtet, sie sähen eine herumwirbelnde Doppelhelix und sie fühlten sich, als ob sie die Bewegung mitmachten. Viel Lichter und Feuerwerk könnten auftreten. Die Aktivierung dauert nur ein paar Minuten, aber sie hat Folgen für das Karma und das ganze Leben, die wir an dieser Stelle nur vermuten können. Dies ist ein wichtiger Schritt in der Evolution der menschlichen Energie, und man kann sich danach durchaus eine Weile benommen oder schwindelig fühlen. Man kann vielleicht auch die Herren des Karma in die Hände klatschen hören, wenn man darum bittet.

Dann bitte die Herren des Karna um *vollständige Seelenkernheilung.* Das schließt alle Energieebenen ein und die nicht physische

Anatomie aller Körper bis hinaus zum Seelenkern/Göttin-Selbst. Ihre Bedeutung liegt darin, die Heilung, die bei der karmischen Auflösung oder irgendeinem anderen Heilungsprozess einschließlich des so weit durchgeführten Energieausgleichs ausgeblieben ist, nachzuholen. Schädigungen irgendeines der Persönlichkeits„selbste", der Schablonen, der Energiekörper, der Silberschnur und Chakren sind bei der Heilung eingeschlossen.

An dieser Stelle mag ein Bedürfnis nach Durchführung einer Anzahl anderer Prozesse aufkommen, und ich werde sie im nächsten Kapitel besprechen. Die meisten zielen darauf ab, die Heilung des Seelenkerns und den Energieausgleich auszuweiten und zu differenzieren. Stelle sie zurück, bis du den Energieausgleich das nächste Mal durchführst. Dadurch bleibt der Prozess, wenn du ihn zum ersten Mal durchführst, so einfach wie möglich. Überdies ist der Energieausgleich sehr intensiv, und wenn jetzt Einschränkungen gemacht werden, lässt es sich mit den Zusätzen später viel leichter umgehen.

Wenn die Energieimpulse aufgehört haben, *bitte dein Höheres Selbst hereinzukommen.* Du wirst den Eintritt seiner Energie spüren, und sie wird sich vom Kopf zu den Füßen ausbreiten. Während dich ein Gefühl der Ekstase überkommt und du dir vielleicht vorkommst, als seist du mit Licht angefüllt, kannst du ein visuelles Bild von der Erscheinung deines Höheren Selbstes empfangen oder auch nicht. Wenn die Empfindungen, die du bei seinem Eintritt hattest, nachlassen, *frage nach seinem Namen.* Bei manchen klappt es beim ersten Versuch, andere dagegen erhalten den Namen erst, wenn sie den Eintritt der Energie zwei- oder dreimal herbeigeführt haben. Nimm dir einen Augenblick Zeit und versuche, den Namen zu hören, aber gleichgültig wie das Ergebnis ausfällt, setze den Prozess fort.

Dann *bitte dein Höheres Selbst um ein Geschenk, und es wird dich um ein Geschenk bitten.* Mein Höheres Selbst trat ein und beschrieb mir sein Geschenk, ehe ich darum bitten konnte, und als ich ihm daraufhin ein Geschenk anbot, bat es mich um all mein Leid. Die Geschenke, die andere bekommen haben, waren: Wiedervereinigung mit ihren Seelengefährten, das Erkennen des Lebenssinns, die Heilung einer Krankheit, Seelenfrieden, Freude oder Glück. Die Höheren Selbste haben darum gebeten, das Leid, Kummer, Sorgen oder Armut ihrer Personen zu erhalten. Es wird dir sagen, welches Geschenk es für sich erwartet. Es wird dir anbieten, was du dir schon immer gewünscht hast, und dich fragen, was du loswerden möchtest. Beides ist für dich ein Gewinn, und du wirst das Gefühl haben, als sei eine schwere Last von deiner Seele genommen, als habest du endlich Hilfe gefunden und seist nicht allein.

Lade dein Höheres Selbst ein, sich mit dir zu verbinden und auf Dauer in deinem Bewusstsein zu bleiben. Das geschieht nicht sofort; du wirst die Energie deines Höheren Selbstes eine Zeit lang täglich hereinholen müssen, damit es geschieht. Dies kann bei einigen mehrere Monate dauern oder nur eine oder zwei Wochen bei anderen. Im Kapitel Ergänzung weiter unten werde ich dies eingehender behandeln.

Bitte dein Höheres Selbst, deine Hara-Chakren und Energiekanäle zu reinigen, zu heilen, auszurichten, zu aktivieren und zu füllen. Dies bringt dein Höheres Selbst fest in die Energie deines Emotional/Astralkörpers und verbindet es ganz mit deinem astralen Zwilling, der auf der Ebene des Emotionalkörpers residiert. Dein Höheres Selbst wird die vollständige Heilung des astralen Zwillings bewirken. Die Hara-Linie ist das Energiesystem des astralen Zwillings und sein Zugang zum Ätherkörper und ätherischen Doppelgänger. Dieser Teil des Prozesses benötigt fünf oder zehn Minuten, und du wirst spüren, wie die Energie sich vertikal vom Kopf zu den Füßen bewegt. Wenn sie dort angekommen ist, stelle die nächste Bitte.

Bitte dein Höheres Selbst, deine Kundalini-Chakren und Energiekanäle zu reinigen, zu heilen, auszurichten und zu füllen. Die Energie bewegt sich horizontal nach unten, wobei sie spiralförmig von einer Seite zur anderen wandert. Die Bitte gibt dem Höheren Selbst Zugang durch die Hara-Linie und den astralen Zwilling zum Ätherkörper und zum ätherischen

Doppelgänger. Es kann dann die Heilung dieser Ebenen vervollständigen. Die ätherischen Chakren sind die Kundalini-Chakren, die dem physischen Körper am nächsten sind. Die Heilung dieses Energiesystems und des Kleinkind-Selbstes (des ätherischen Doppelgängers) kann auch Heilung für den physischen Körper bedeuten. Unabhängig davon wird dieser Schritt ein Gefühl großen Wohlbefindens hervorrufen. Er vollendet die Verbindung des Höheren Selbstes mit dem physischen Bewusstsein.

Um den Basisprozess des Energieausgleichs zu beenden, bitte die Herren des Karma und dein Höheres Selbst jetzt darum, *alle Prozesse und Angleichungen dauerhaft zu machen.* Dies wird nicht sofort geschehen, aber diese Bitte wird dazu beitragen, dass das am Ende eintritt oder beinahe eintritt. Die Schablonen insbesondere scheinen sich zuweilen zu verschieben, und die Energiekörper brauchen vielleicht gelegentlich eine Neuausrichtung. Die Aktivierung der DNS und die Bitte um Seelenkernheilung brauchen nur einmal durchgeführt zu werden. Du hast aber sicher den Wunsch, dein Höheres Selbst zu bitten, sich öfter mit dir zu verbinden. Unter Verzicht auf einen weiteren Energieausgleich versetze dich in einen meditativen Zustand, bitte es dann, die Ka Schablone zu reinigen und zu aktivieren und dann einzutreten.

Es ist nicht nötig, den vollständigen Energieausgleich durchzuführen, wenn es um den Eintritt des Höheren Selbstes geht. Wenn du dein Höheres Selbst auf diese Weise nicht erreichen kannst, bitte die Herren des Karma, zunächst alle Energiekörper auszurichten, dann nacheinander die Schablonen zu reinigen, und dann versuche es noch einmal.

Wenn du den Kontakt mit deinem Höheren Selbst erfahren und eine Weile mit ihm geredet hast, *komme in die Gegenwart zurück* und beende die Meditation. Damit ist der Basisprozess des Energieausgleichs beendet. Ein leicht verständlicher Abriss davon findet sich im Anhang II.

Energieausgleich und Heilung des Seelenkerns

Der im letzten Kapitel beschriebene Energieausgleich kann auf eine Vielzahl von Heilungsprozessen erweitert werden, die sich auf den Seelenkern beziehen. Die meisten setzen ein erweitertes Verständnis der Seelenstruktur voraus. Um ihn auf diese Weise durchzuführen, wiederhole den Energieausgleich-Prozess, aber statt um Wiederverbindung der DNS und vollständige Heilung des Seelenkerns zu bitten, füge einige der unten angeführten Dinge hinzu. Es genügt, nur einmal um die Wiederverbindung der DNS und die Heilung des Seelenkerns zu bitten - dieser Heilungsprozess geht noch eine Zeit lang nach der Bitte automatisch weiter. Die meisten unten angeführten Vorschläge brauchen auch nur einmal oder wenigstens sehr selten vorgetragen werden. Wenn du jedoch darum bittest, dass deine Energiekörper, der Energiefluss, die Silberschnur oder die Chakren gereinigt und geheilt werden, liegt es nahe, die Heilung etwa einmal die Woche zu wiederholen.

Du kannst ein paar dieser Bitten in einer Meditation vortragen, aber setze dir Schranken. Die Veränderungen, um die man bittet, sind tiefgreifend trotz der Einfachheit des Prozesses. Sie werden größere Verschiebungen in deiner Seelenstruktur und in deinem Leben verursachen. Während alle Veränderungen und die Heilung in jeder Beziehung positiv sind, kann während der Energieverschiebungen ein Gefühl der Zerrissenheit auftreten. Man mag sich ausgelaugt, müde oder schwerfällig vorkommen, während die Veränderungen vor sich gehen, und dies kann nach jeder Sitzung ein paar Tage bis ein paar Wochen anhalten. Es können sich auch Symptome physischer Entgiftung zeigen wie Durchfall, Übelkeit, häufiges Wasserlassen, Körpergeruch oder eine Woche lang eine laufende Nase. Trinke sehr viel Wasser und sei nett zu dir. Du fühlst dich vielleicht auch sehr verletzlich und möchtest dich eine Weile von Menschenmengen und hektischen Aktivitäten zurückziehen. Keins dieser Symptome ist gefährlich, und sie gehen vorüber. Versuche nicht, mit Medikamenten diesen Entgiftungsprozess zu unterbinden; eine Reinigung geschieht immer zu deinem Wohle.

Warte, bis die Entgiftung und die Veränderungen aufhören, bevor du mit den Meditationen zum Energieausgleich weitermachst. Es hängt vollkommen vom Einzelnen ab, wie oft diese Arbeit durchgeführt wird, von seinem Gefühl und seiner Bereitschaft. Ein Pendel kann einem helfen zu entscheiden, wann man weitermachen soll. Ein Pendel kann auch dabei helfen, herauszufinden, welche der folgenden Dinge für die eigenen Bedürfnisse nützlich sind. Man kann auch die Herren des Karma darum bitten. Nicht jeder wird alles, was hier angeführt ist, benötigen, aber die meisten werden von der ganzen Liste profitieren. Geh die einzelnen Dinge langsam durch, und freue dich an der Transformation und Heilung, die sie in deinem Leben bewirken.

Beginne mit dem Energieausgleich-Prozess, wie im letzten Kapitel beschrieben. Bitte um Kontakt mit den Herren des Karma. Bitte sie, deine Energiekörper auszurichten. Bitte sie, alle fünf Schablonen (Ka, ätherische, ketherische, himmlische und Ich-Bin) zu reinigen, zu heilen, auszurichten, zu öffnen und zu aktivieren. Gehe die Dinge von der Liste durch, die du für den Tag ausgewählt hast; drei oder vier sind wahrscheinlich genug. Dann bitte dein Höheres Selbst, hereinzukommen. Weise es an, zuerst die Hara-Kanäle und -Chakren und dann die Kundalini-Kanäle und -Chakren zu reinigen, zu heilen, zu öffnen, zu aktivieren und zu füllen. Bitte, dass es dir hilft, die in dieser Sitzung durchgeführte Heilung zu vervollständigen und die positiven Veränderungen dauerhaft zu erhalten, ohne dass du etwas beitragen musst. Bitte schließlich um eine angenehme und leichte Integration der Veränderungen (dies kann eine Menge Symptome verhindern), und komme in die Gegenwart zurück.

An erster Stelle steht auf der Liste etwas, was ich in Gruppen verwende, um den Leuten beizubringen, wie man mit den Herren des Karma arbeitet, aber vielleicht ist es sogar besser für den Energieausgleich geeignet. Bitte darum, dass *alle Manipulation und negative Beeinflussung aus deiner Energie entfernt werde.* Wir haben viele Leben auf einem Planeten hinter uns, der aller Art von Manipulation ausgesetzt worden ist, und die meisten Menschen haben zu viel davon erfahren. Manipulation tritt uns täglich in den Fernsehnachrichten entgegen, und ebenso oft haben wir es damit auf der persönlichen Ebene zu tun. Negative Beeinflussung kann allerlei Dinge bedeuten, angefangen bei Implantaten durch Außerirdische (das ist keine Phantasie) bis hin zu psychischen Attacken von Seiten eifersüchtiger Mitarbeiter. Beeinflussung oder Manipulation kann ihre Entstehung in diesem Leben haben oder ein Rest aus früheren Leben sein. Deine Bitte kann auch dahin gehen, den Einfluss der Veränderungen der Planetenschwingungen auf deine Energie zu unterbinden. Vergiss nicht, dass Schädigungen deiner Energie und Aurakörper bestehen bleiben, bis sie aufgelöst werden. Jetzt ist die Zeit dafür da, und wir haben eine Chance, sie aufzulösen.

Du könntest überrascht sein, wie sehr diese Bitte dein Leben verändern kann, und ich empfehle es jedem, darum zu bitten. Wenn deine übersinnlichen Fähigkeiten plötzlich verschwunden sind oder du das Gefühl hast, du hättest sie nie gehabt, so kann das die Heilung sein. Wenn du das Gefühl hast, dein Leben sei außer Kontrolle geraten und alles, was du tust, gehe daneben, so kann das Abhilfe bringen. Wenn du wiederholt krank, depressiv, suizidgefährdet oder erschöpft gewesen bist, so ist das ein guter Anfang, etwas zu verändern. Frauen haben mich um Heilung gebeten, weil sie eine Blockade in irgendeinem Aspekt ihres Lebens oder in einem der Chakren spürten. Ich führe sofort diese Auflösung für sie durch.

Du kannst auch darum bitten, dass alle Energie psychischer Attacken von all deinen Körpern und Ebenen entfernt, aufgelöst und geheilt werde. Diese können in diesem Leben oder anderen stattgefunden haben, und wir haben alle Erfahrung darin. Bei einigen steckte böse Absicht dahinter, und sie sind vielleicht sehr schlimm gewesen, während andere einfach nur negative Gedanken oder Schwingungen von anderen waren. Vor einigen Jahren machte ich eine Vortragsreise, und eine Gruppe „wiedergeborener" Christinnen folgte mir von einem Ort zum anderen. Sie informierten mich, dass sie um meinen Tod beteten. In ein paar Tagen stellte sich eine Grippe ein, die den Rest der Reise erschwerte. Ich entwickelte auch Angst davor, Vorträge zu halten, und ich brauchte mehrere Jahre, um mich davon zu befreien. Meine Augenprobleme machten mir ein Jahr lang das Leben sehr schwer: Man hatte mich wiederholt mit der Frage bedrängt: „Wenn du dich selber heilen kannst, warum trägst du dann eine Brille?" Lange Zeit nach der Reise fühlte ich mich erschöpft, deprimiert und krank. Die negativen Auswirkungen auf meine Gefühle hielten lange Zeit an.

Jahre später entdeckte eine Heilerin etwas in meinem Solarplexus, was wir ein Implantat einer psychischen Attacke nannten. Es sah aus wie ein Pfeil mit einem Widerhaken, mit einer Schnur festgemacht, und das Chakra darum herum war aufgeschlitzt und vereitert. Sie fragte mich, woher ich das hätte, und mir fielen sofort die Christinnen ein. Ich hatte schon lange Zeit gar nicht mehr an sie gedacht. Die Heilerin stellte fest, dass die Attacke absichtlich unternommen worden war und immer noch erneuert und aktiviert wurde. Als sie es auflöste und wir die Chakrafäden zum Absender durchtrennten, war mir etwa eine Woche lang übel, und ich fühlte mich krank, dann aber ging es mir viel besser. Ich verlor mein Lampenfieber, meine Energie nahm zu, und ich fühlte mich viel ruhiger und sicherer. Noch Jahre später, als ich die Herren des Karma bat, mich von aller negativer Beeinflussung zu befreien, zeigten sie mir ein Stück von dem Pfeil, das noch auf einer tieferen Ebene eingeheftet war und das die Heilung nicht erreicht hatte, und sie entfernten es.

Anders als in diesem Fall geschehen die meisten psychischen Attacken indirekt. Der Absender hat vielleicht eine negative Einstellung dir gegenüber und möchte dir Leid zufügen, aber wahrscheinlich erkennt er gar nicht, dass er dich tatsächlich angreift. Eifersüchtige und wütende Menschen neigen dazu, dies zu tun, und auch jene, die dich gern kontrollieren oder manipulieren würden. Negative Leute dieser Art, denen du nicht entgegenkommen wolltest, greifen wahrscheinlich auf diese indirekte Weise an. Einige psychische Attacken sind eher verzweifelt als negativ. Jemand, der emotional bedürftig ist, mag sich an dich klammern und dich deiner Energie berauben, bewusst oder unbewusst, weil er spürt, dass er es allein nicht schafft. Du fühlst dich vielleicht müde oder nicht ganz wohl wegen des Energieverlustes, aber gewöhnlich hat die Person keine Ahnung, dass sie dir schadet, und sie hat auch wirklich keine Absicht. Alle diese Situationen können in diesem Leben aufgetreten sein oder aus früheren Leben in dieses hineinreichen. Wer dich absichtlich in diesem Leben angegriffen hat, kann dies auch schon früher getan haben.

In einer ähnlichen Heilmeditation bitte darum, *dass alle Mitbewohner, negative Entitäten und Elementale entfernt und beseitigt werden.* Mitbewohner sind negative, andersdimensionale, nichtmenschliche Wesen, und jeder inkarniert sich mit einigen von ihnen in seiner Energie. Wenn sie aufgelöst werden, sehen sie vielleicht wie groteske „Monster“ aus, und beim geistigen Heilen werden sie zum Recyceln in das Zentrum der Erde geschickt. Negative Entitäten sind andersdimensionale menschliche und tierische Energieeinflüsse. Hier kann es sich vielleicht um verlorene Seelen handeln, die nach dem Tod nicht wissen, wie sie ganz aus der irdischen Ebene herauskommen können. Es kann sich auch um Geister handeln, die sich nach dem Tode weigern zu gehen oder die durch eine Begierde oder Gewohnheit zurückgehalten werden. Sie fühlen sich oft von Alkohol oder Drogen angezogen und heften sich an die Energie jener, die danach süchtig sind. Einige sind auch sexbesessen. Diese Wesen, die einmal Menschen oder

Tiere waren, müssen in das Stadium-zwischen-den-Leben übergehen, um geheilt zu werden und sich zu reinkarnieren, aber sie schaffen das ohne Hilfe nicht. Elementale sind verzerrte Erdenergien, die zum Zentrum der Erde gehören und an der Erdoberfläche eingefangen worden sind.

Dies alles kann Zerrissenheit und Streit im Leben der Menschen verursachen und zu körperlicher, emotionaler oder geistiger Krankheit führen. Einige Mitbewohner und Elementale wurden aus karmischen Gründen gerade zu diesem Zweck in unsere Energien eingeführt, damit persönliches Karma gespeichert und manifestiert werden kann. Andere - es sind die meisten - gehen einfach durch uns hindurch. Da die Erde sich von der dritten zur fünften Dimension bewegt, durchquert sie die niedere astrale Energieebene oder die niedere vierte Dimension, wo sich negative Energien aufhalten und solche, die da nicht hingehören. Eine der Aufgaben, die die meisten Sensitiven und Heiler als karmische Verpflichtung auf sich genommen haben, ist die Reinigung der vierten Dimension (die niedere Astralebene). Am Ende werden die meisten Störungen von selbst verschwinden, aber warum sollte man warten?

Wenn man stärker in die Struktur eingreifen möchte, kann man die Herren des Karma bitten, die DNS von einer Krankheit zu befreien. Hier handelt es sich gewöhnlich um Erbkrankheiten, einschließlich Krebs. Am besten macht man das nur, nachdem man seine zwölfsträngige DNS neu verbunden und reaktiviert und die Energie von allem negativen Einfluss gereinigt hat. Ich habe dies bei einer Frau, die an Muskelschwund litt, gemacht, und sie spürte über eine Periode von vier Monaten tiefgreifende Veränderungen in ihrem Energiesystem. Die Ergebnisse sind ermutigend, lassen aber zu diesem Zeitpunkt noch keine endgültige Aussage zu. Wenn du das Gefühl hast, du seiest Träger einer Erbkrankheit, kannst du auch darum bitten, dass die Möglichkeit der Manifestation von deiner DNS entfernt werde. Brede hat mich darüber informiert, dass das Arbeiten mit der DNS ein ungemein wichtiges Heilungspotential enthält und dass man, hat man einmal die DNS von etwas befreit, dies nicht länger an die Kinder weitergeben wird. Sie sagt auch, dass Kinder, die schon geboren sind, genetisch befreit werden, wenn die Eltern darum bitten, und es spiele keine Rolle, ob die Kinder selber um Heilung gebeten haben oder nicht. Medizinische Heilungen können hier nicht versprochen werden.

Eine weitere Bitte, die ich jedem empfehle, ist, dass alle Seelenfragmente geheilt, hereingebracht und integriert werden. Ein schweres Trauma, ein Schock oder Angst können dazu führen, dass der astrale Zwilling zersplittert und in Stücke zerbricht. Die Stücke sind Fragmente des Persönlichkeits„selbstes", und jedes Stück enthält einen anderen Karmaaspekt von dem Trauma, das die Zersplitterung verursachte. Der astrale Zwilling reinkarniert sich in diesem zerstückelten und verletzten Zustand, wenn die Traumen nicht in dem Leben, in dem sie zustande kamen, geheilt werden. Wenn diese ungeheilten Fragmente sich genügend entwickeln und durch mehrere Leben hindurch nicht repariert werden, können sie, bei einer erneuten traumatischen Erfahrung Auslöser für das Krankheitsbild einer multiplen Persönlichkeit werden. Während nur wenige Menschen eine so starke astrale Verletzung haben, haben die meisten von uns Seelenfragmente, die Heilung brauchen.

Es gibt eine Anzahl von Techniken, um Seelenfragmente hereinzuholen und zu integrieren. Der Prozess wird oft im Schamanismus durchgeführt und kann Grundlage für eine Geistheilung sein. Am einfachsten und vollständigsten ist es jedoch, die Herren des Karma zu bitten, diesen Teil der Heilung des Seelenkerns zu übernehmen. Vergiss nicht, darum zu bitten, dass die Fragmente geheilt werden, wenn sie hereingeholt werden, und auch, dass sie vollständig integriert werden. Ungeheilte Fragmente sind wie Kinder mit emotionalen Störungen; sie leiden selber und richten bei anderen Verwüstungen an. Sie müssen integriert werden, sonst ist die Heilung unvollkommen, und es kann sein, dass sie sich wieder abtrennen.

Wenn zurückkehrende Seelenfragmente in deine Energie hereingeholt werden, wirst du im Bereich deines Herzzentrums Wärme spüren. Ein Netz aus Licht verbindet die Fragmente mit deiner Energie am Herzen und wächst und breitet sich dann bis zu deinem Scheitelchakra aus. Die zurückkehrenden Fragmente erscheinen dem geistigen Auge vielleicht wie kleine Kinder in deinem Herzen. Wenn sie sich integrieren, schlafen sie ein und vergehen. Wenn sie das erste Mal hereinkommen, sprich zu ihnen, als ob sie Kinder *wären*, danke ihnen, dass sie heimgekommen sind, und heiße sie zu Hause willkommen. Die Integration kann ein paar Tage dauern, und du wirst dich entspannt und wohl fühlen während des Prozesses und danach. Wenn du die Herren des Karma um diese Heilung bittest, bemerkst du vielleicht, dass ein oder mehr Fragmente sofort hereinkommen und andere dann später erscheinen, wenn du ganz entspannt oder fast am Einschlafen bist. Es dauert bei den meisten etwa drei Wochen, bis alle Fragmente zurückgekehrt sind. Wenn viele sich jedoch in früheren Leben abgespalten haben, bist du vielleicht überrascht, dass sie sogar noch nach Monaten zurückkommen. Dies ist eine sanfte, friedliche Heilung, die emotionale Stabilität und innere Ruhe in dein Leben bringt. Wenn sie von den Herren des Karma gewährt wird, braucht man nur einmal darum zu bitten.

Das Kappen von Schnüren ist ein weiterer Prozess, der während eines Energieausgleichs durchgeführt werden kann, und ich empfehle jedem, dies mindestens einmal vollständig zu tun. Es muss in Teilen durchgeführt werden, um die Arbeit an den Kundalini- und Hara-Energielinien zu Ende zu bringen, und man kann alle Teile in einer Sitzung durchgehen. Zunächst *bitte die Herren des Karma, deine Kundalini-Chakren von allen negativen Schnüren zu reinigen, zu befreien und sie zu heilen.* Der Prozess geht von einem Chakra zum anderen, und vielleicht erhältst du währenddessen Bilder von jenen Personen, mit denen die Schnüre dich verbinden. Wenn dir ein Bild gezeigt wird, weise es nicht zurück, da das Wissen für die Auflösung der Schnur vielleicht erforderlich ist. Du hast vielleicht viele Schnüre in jedem Chakra oder nur ein paar, die meisten Menschen haben viele. Wenn dieser Teil der Arbeit beendet ist, *bitte als nächstes die Herren des Karma, deine Kundalini-Chakren von allen negativen Haken zu reinigen, sie aufzulösen und sanft zu heilen.* Schnüre sind negative Gefühlsbindungen anderer an deine Energie, die in diesem Leben zustande kommen. Haken sind tiefere Bindungen von Menschen, die du aus früheren Inkarnationen kennst und mit denen du jetzt karmisch verbunden bist. Wir werden mit diesen Haken verbunden, während wir die Schnüre in diesem Leben einsammeln. Versuche niemals, einen Haken auf geistige Weise heraus- oder wegzureißen, da du sonst sehr krank würdest. Stattdessen warte auf die Herren des Karma, damit sie sie auflösen.

Wenn die Arbeit mit den Kundalini-Chakren getan ist, *bitte die Herren des Karma, deine Hara-Chakren von allen negativen Haken zu reinigen, aufzulösen und zu heilen.* Schnüre entwickeln sich nicht auf der Haralinie, aber die Haken erscheinen sehr groß und stellen schwerwiegende Hindernisse für deinen Lebensweg dar. Es gibt selten mehr als einen pro Chakra, und sie tauchen auch nicht bei jedem Chakra auf. Wieder ist es sehr wichtig, nicht daran zu ziehen; bitte um ihre Auflösung. Bitte auch um eine angenehme und leichte Heilung und Integration. Sonst könnten die Unmengen von Toxinen und Energieschädigungen, die Schnüre und Haken enthalten, dir wochenlang ein Gefühl des Unwohlseins geben. Ihre Beseitigung ist jedoch befreiend und heilend, und du wirst sehr froh darüber sein, dass du es gemacht hast.

Ein letzter Vorschlag, den ich vorsichtig riskiere, ist, *die Herren des Karma zu bitten, alle Narben am Herzen aufzulösen, zu heilen und aus dem Energiesystem zu entfernen.* Ich schlage dies sehr vorsichtig vor, da die Heilung sehr unangenehm sein kann, doch letztlich positiv ist. Wenn das Herz Narben hat, so stammen sie von großem emotionalem Schmerz in diesem Leben. Fast jeder hat mindestens eine Narbe. Sie verhindern das Aufblühen von Gefühlen und das Öffnen des Herzens und erschweren es, volles Vertrauen und ein gesundes Selbstbild zu entwickeln. Wenn sie in diesem Leben nicht geheilt werden, liefern sie karmischen Stoff für zukünftige Leben. Ihre Entfernung kann jedoch sehr weh tun und kann in mehreren Episoden erfolgen, wenn mehrere Narben da sind. Das Szenario, das für mich am typischsten ist, ist, mit einer Panikattacke aus tiefem Schlaf aufzuwachen. Die schmerzlichen alten Bilder aus jener Zeit, da die Wunden am Herzen vernarbten, tauchen in lebhaften Farben in meiner Seele und Erinnerung auf, als ob der Prozess sich jetzt wiederhole, und mein Herzchakra fühlt sich an, als käme tatsächlich eine Herzattacke auf mich zu.

Während man sich der Tatsache deutlich bewusst ist, dass der Schmerz eher emotional als physisch ist, so ist die Beseitigung der Narben am Herzen dennoch angsterregend und intensiv. Der Prozess dauert etwa eine Stunde, aber diese Stunde durchzustehen ist nicht leicht. Wenn du um diese Heilung bittest, gehe mit Sorgfalt an die Sache heran und verlasse dich auf deine Bereitschaft, alle Folgen anzunehmen. Die Auflösung wird wahrscheinlich nicht unmittelbar eintreten, aber gewöhnlich innerhalb von drei Tagen. Bitte auch die Herren des Karma, diesen Reinigungsprozess so sanft und leicht wie möglich durchzuführen.

Dies sind einige Beispiele für die Heilung des Seelenkerns, die während des Energieausgleich-Prozesses durchgeführt werden können. Es sind hochkomplexe Heilungen mit tiefgehenden Folgen, aber mit dieser Methode so leicht zu erreichen. Du kannst dir auch jede einzelne Komponente der Energieanatomie, die dir in den Sinn kommt, vornehmen, nicht mehr als eine auf einmal, indem du die Herren des Karma bittest, jeden Teil zu reinigen, zu heilen, auszurichten, zu öffnen und zu aktivieren. Die Silberschnur auf diese Weise zu aktivieren, ist besonders positiv und sollte oft wiederholt werden. Hat man einmal genügend Erfahrung bei diesem Heilen, werden einem wahrscheinlich noch andere Dinge einfallen, die man einbeziehen könnte.

Ist man in Bezug darauf unsicher, kann man die Herren des Karma um Rat fragen, ob es günstig sei oder nicht, noch weitere Bitten anzufügen, und sie werden einem bei jedem Schritt helfen. Sie reagieren mit Freude auf unser Bemühen, die in vielen Leben entstandenen Verletzungen unserer Energie und unserer Seele zu reparieren.

Essenz-Selbst, Göttin-Selbst und Göttin

Wenn du mit dem Basisprozess des Energieausgleichs und zumindest mit einigen Heilprozessen des Seelenkerns vertraut bist und darin geübt bist, dein Höheres Selbst hereinzuholen und mit ihm zu reden, ist die Zeit gekommen, um den übrigen Persönlichkeits„selbsten" zu begegnen und sich ihrer bewusst zu werden. Für jedes Selbst sollte ein besonderer Prozess durchgeführt werden, und dazwischen sollte es Zeit geben, um sich an die veränderte energetische Situation zu gewöhnen. Da die äußeren Körper„selbste" sehr mächtig sind, werden diese Meditationen am besten im Liegen durchgeführt, vorzugsweise vor dem Schlafengehen im Bett oder wenn man mindestens zwei Stunden frei hat und sie genießen kann. Der Eintritt sowohl des Essenz-Selbstes als auch des Göttin-Selbstes beginnt mit Phasen der Veränderung und Reinigung des ganzen Energiesystems, die mehrere Wochen anhalten können, bevor die Göttin eintreten kann. Man erlebt Zustände des Glücks, fühlt sich aber auch, als hätte das Körpervolumen zugenommen und als befände man sich nach dem ersten Eintritt jedes „Selbstes" mehrere Stunden lang außerhalb des Körpers. Wenn man aufstehen muss, verschwindet jedoch dieses Gefühl, und man kann problemlos etwas tun. Das Gefühl von Frieden, Entspannung und Freude besteht noch weiter.

Wie man seinem Essenz-Selbst/ Sternenselbst begegnet und es hereinholt

Zuerst einmal begegne deinem Essenz-/Sternenselbst und hole es herein. Es residiert in der Energie auf der unteren Ebene des Kausalkörpers und ist das nächste Persönlichkeits„selbst" jenseits des Höheren Selbstes im spirituellen Körper. Bei seinem Eintritt passiert Folgendes: Das Essenz-Selbst wird zunächst einen Energiefaden oder eine Energieschnur vorausschicken, die es mit der Rückseite deines Höheren Selbstes auf der Höhe des Herzens verbindet. Dann vereinigt es sich mit dem Höheren Selbst für die Dauer der Meditation. Im Laufe der Zeit wird es auf Dauer mit dem Höheren Selbst vereinigt bleiben. Das Licht, das vom Höheren Selbst ausgeht, durch den astralen Zwilling und den ätherischen Doppelgänger hindurch in die körpernahen Energien eingeht, wird sich nun höher und stärker ausdehnen. Die ganze Kette oder Säule aus Licht, die durch alle „Selbste" hindurchgeht, wird leuchtender und breiter, und alle Energiestrukturen, durch die es hindurchgeht, werden geheilt und gestärkt. Es dauert vielleicht mehrere Monate, bis das Essenz-Selbst vollkommen verschmilzt, und die Zeit der Integration muss durchgestanden werden.

Das Essenz-Selbst säubert und reinigt alle Energie, durch die es hindurchgeht und mit der es sich verbindet, sobald es in das Bewusstsein eintritt. Der erste Kontakt mit ihm kann mehrere Wochen energetischer Verschiebungen und Änderungen einleiten. Überprüfe öfter, ob die Energiekörper ausgerichtet und alle Schablonen sauber und offen sind. Energieverschiebungen können dazu führen, dass die Ebenen falsch ausgerichtet sind, aber man kann das leicht beheben, indem man den Energieausgleich wiederholt. Vielleicht tritt ein paar Tage lang eine energetische Störung auf, aber du wirst dich auch sehr entspannt fühlen und keine Angst davor haben. Überprüfe, ob irgendeiner deiner Energiekörper, die Silberschnur, die Hara- oder Kundalini-Chakren einer

Reinigung bedürfen und bitte die Herren des Karma, das Notwendige zu tun.

Essenz-Selbste sind Engel. Falls du unsicher bist, was oder wer Engel sind, oder an ihrer Existenz überhaupt zweifelst, so wirst du ihnen jetzt begegnen. Du kannst einen direkt bitten, einen Bericht über sich selber abzugeben. Sie sind nicht nur Geistführer, sie sind weit mehr als das. Sie sind real, und sie sind du. Nicht alle Typen von Engeln sind Essenz-Selbste, Bewahrer unserer Akasha-Chronik, aber unsere Essenz-Selbste stammen alle aus einer besonderen Kategorie von Engeln. Wenn dein Essenz-Selbst hereinkommt, kannst du mit deinen geistigen Augen viele herumfliegende Engel sehen. Vielleicht siehst du dein Essenz-Selbst deutlicher als dein Höheres Selbst. Dein Essenz-Selbst ist ein Engel mit Flügeln und allem Drum und Dran.

Am Anfang der Meditation *bitte um Kontakt mit den Herren des Karma*. Zuerst bitte sie, *all deine Energiekörper und die Verbindungen zwischen den Energiekörpern auszurichten*. Wenn dies beendet ist, bitte darum, *dass deine Ka Schablone gereinigt, geheilt, ausgerichtet, geöffnet und aktiviert wird.* Wenn die Energieimpulse aufhören, *bitte darum, dass deine ätherische Schablone gereinigt, geheilt, ausgerichtet, geöffnet und aktiviert wird.* Dann bitte darum, *dass deine ketherische Schablone gereinigt, geheilt, ausgerichtet, geöffnet und aktiviert wird.* Warte, bis die Energieschübe nach jeder Bitte aufhören. Dann bitte darum, *dass deine himmlische Schablone gereinigt, geheilt, ausgerichtet, geöffnet und aktiviert wird.* Schließlich bitte darum, wenn du bereit bist, *dass deine Ich-Bin Schablone gereinigt, geheilt, ausgerichtet, geöffnet und aktiviert wird.* Mache die Schritte in der oben angegebenen Reihenfolge und warte, bis jeder ausgeführt ist, und dann gehe weiter.

Wenn du an irgendeiner Stelle ein „nein“ von den Herren des Karma hörst, frage sie, was du zu wissen oder zu tun hast, um den Prozess fortzusetzen. Löse mit dem Karmaherrenprozess alles auf, was man dir zeigt, oder folge den dir gegebenen Anweisungen. Ein „nein“ ist unwahrscheinlich, wenn du einmal mit dem Energiereinigungsprozess so weit gekommen bist und dein Höheres Selbst hereingeholt hast, um deine Energie und den Seelenkern zu heilen. Wenn etwas zu tun bleibt, bevor du an einer Stelle weitergehen kannst, wird man dir die nötigen Angaben machen, und dann kannst du die Sache fortsetzen. Bitte darum, *dass deine Silberschnur gereinigt, geheilt und voll aktiviert wird,* und warte das Ende der Reinigung ab.

Als nächstes *bitte dein Höheres Selbst hereinzukommen.* Es ist nun schon ein alter Freund von dir, und es sollte dir leicht fallen, mit ihm zu reden, ihn um Hilfe zu bitten, von ihm zu lernen und Informationen zu erhalten. Die Vereinigung mit deinem Essenz-Selbst wird es froh machen, und es wird auf alle erdenkliche Weise bei dem Prozess mithelfen. *Bitte jetzt dein Höheres Selbst darum, deine Hara-Kanäle und -Chakren zu reinigen, zu heilen, auszurichten, zu öffnen, zu aktivieren und zu füllen.* Wenn du spürst, dass diese Energie deine Füße erreicht, *bitte es, deine Kundalini-Kanäle und -Chakren zu reinigen, zu heilen, auszurichten, zu öffnen, zu aktivieren und zu füllen.* Warte, bis das geschehen ist. So weit bist du mit dem Prozess vertraut.

Um den Zugang zu deinem Essenz-Selbst zu eröffnen, *bitte jetzt darum, dass die drei galaktischen Schablonen gereinigt, geheilt, ausgerichtet, geöffnet und aktiviert werden.* Du wirst viel Aktivität spüren und siehst vielleicht bei diesem Schritt Farben und Licht. Die erste galaktische Schablone wirkt durch das Thymuschakra auf der Haralinie. Ich habe sie intergalaktische Schablone genannt, da sie daran beteiligt ist, Verbindung zu den Schiffen herzustellen, und uns hilft, uns ihrer bewusst zu werden, die uns zu unserem Ursprungsplaneten heimbringen werden. Die zweite galaktische Schablone nenne ich Schablone des Aufstiegs. Durch das Hara-Chakra auf der Haralinie des Emotionalkörpers stellt sie die Verbindung zu unserer Energie her, die sich im nahen Umfeld des physischen Körpers befindet. Das Hara-Chakra oder einfach das Hara ist der Hauptspeicher unserer Lebensaufgabe für diese Inkarnation und unserer Fähigkeit, sie zu erfüllen. Die dritte galaktische Schablone habe ich Sternenselbst-Schablone genannt, da sie dem

Essenz-Selbst den Zugang zum Eintritt in unser Bewusstsein und die körpernahen Energien gestattet. Die Verbindung ist durch das Chakra des Kausalkörpers auf der Haralinie möglich.

Wenn die galaktischen Schablonen geöffnet und aktiviert sind, bitte darum, dass die fünf galaktischen Chakren gereinigt, geheilt, ausgerichtet, geöffnet und aktiviert werden. Die galaktischen Chakren befinden sich auf einer äußeren Ebene unseren Rücken entlang. Wenn sie entwickelt sind, verbinden sie sich mit den drei unteren Kundalini-Chakren. An dieser Stelle kann man Dutzende von fliegenden Engeln sehen. Als ich das erlebte, schienen sie munter und fröhlich zu sein. Sie waren farbenprächtig gekleidet, und ihre Art zu fliegen schien der Erdgravitation enthoben zu sein. Sie haben wahrscheinlich zu viel zu tun, um mit dir reden zu können, und bewegen sich auch zu schnell, aber du kannst etwas von ihrer Munterkeit und Seligkeit übernehmen. Es ist fast nicht zu vermeiden. Warte, bis die Aktivitäten aufhören oder mache zumindest eine Pause, bevor du den Prozess fortsetzt.

Bitte jetzt darum, d*ass dein Essenz-Selbst/Sternenselbst hereinkommt und sich mit deinem Höheren Selbst vereinigt.* Du kannst es deutlich sehen, deutlicher als dein Höheres Selbst. *Frage es nach seinem Namen und rede ein Weilchen mit ihm.* Zu diesem Zeitpunkt wirst du viele Fragen haben. Ich musste mehrere Anläufe unternehmen, bis ich den Namen meines Essenz-Selbstes verstand, und ich bombardierte es mit Fragen, bis ich es verstand. Es wird bereitwillig mit dir reden und dich über Essenz-Selbste und Engel informieren, wenn du danach fragst. Zuerst wirst du seine Gestalt sehen, dann wirst du sehen, wie es ein Lasso aus Licht auswirft. Das Licht fällt herunter und schließt sich deinem Höheren Selbst an oder stöpselt sich auf der Rückseite in dessen Herz ein. Dein Essenz-Selbst scheint dann den Lichtstrom hinabzugleiten und sich mit der Energie deines Höheren Selbstes zu vereinigen, die ihn willkommen heißt. Als ich dies beobachtete, stiegen Lichter und Farben wie ein Springbrunnen auf. Jede Sinneswahrnehmung in diesem Prozess fühlt sich wunderbar an. Nimm dir Zeit, um dies zu erfahren.

Bitte dein Essenz-Selbst, auf Dauer mit deinem Höheren Selbst und mit deiner Energie und deinem Bewusstsein verbunden zu bleiben, und beende dann die Meditation. Bleibe ruhig liegen, während die Empfindungen, Farben und die Aktivität andauern. Bei mir dauerte das zwei Stunden, und danach musste ich widerwillig aufstehen. Die Freude und das Wohlbefinden blieben, und ich hatte das Gefühl, als ob meine Körper irgendwo ohne mich ein paar Tage lang funktionierten, aber Sanftheit und Ekstase erfüllten mich. Also bitte auch von jetzt an, wann immer du dein Höheres Selbst hereinholst, „die galaktischen Chakren und Schablonen zu reinigen und zu aktivieren und dein Essenz-Selbst hereinzubringen."

Warte mindestens eine Woche nach diesem Prozess, bis du dein Göttin-Selbst zum ersten Mal hereinholst. Du wirst die Zeit brauchen, um die Änderungen zu integrieren, die die Gegenwart deines Essenz-Selbstes in deiner Energie hervorruft, und die Heilung, die es für dich auf allen Ebenen bewirkt. Dies ist eine sehr intensive Energie, aber ganz sanft und tröstend. Engel sind unsere Beschützer und Lehrer, und dein Essenz-Selbst ist auch die Mutter der göttlichen Triade. Wenn du bereit bist, dein Göttin-Selbst hereinzuholen, dann tue es, wenn du zu Bett gehst, damit du dich die ganze Nacht an dem Prozess erfreuen kannst.

Wie man den Kontakt zu seinem/r Göttin-Selbst/Überseele herstellt und es/sie hereinholt

Um dein/e Göttin-Selbst/Überseele hereinzuholen, ist es erforderlich, dass du den ganzen Energieausgleich-Prozess (vgl. S.111 ff.) durchführst. Richte deine Energiekörper aus, reinige und aktiviere die fünf grundlegenden Schablonen, aktiviere deine Silberschnur, hole dein Höheres Selbst herein und reinige und richte die Hara- und Kundalini-Kanäle aus. Bitte darum, dass die drei galaktischen Schablonen, die fünf galaktischen Chakren gereinigt und aktiviert werden und lade dein Essenz-Selbst ein, sich mit deinem Höheren Selbst zu verbinden. Dies alles geschieht in nicht mehr als ein paar Minuten, wenn man sich einmal an den Prozess gewöhnt hat.

Dann *bitte die Herren des Karma, die drei Schablonen des Kausalkörpers zu reinigen, zu heilen, neu auszurichten, zu öffnen und zu aktivieren.* Die Energie kann jetzt sehr intensiv sein, aber du wirst das Gefühl haben, als sei alles weit entfernt. Licht und Geschwindigkeit sind zu spüren, aber möglicherweise keine deutlicheren oder optischen Eindrücke. Die Öffnung wird sehr rasch geschehen, inmitten großer Aktivität. Warte, bis alle Aktivität aufhört, bevor du weitermachst. Dann *bitte darum, dass die fünf Chakren des Kausalkörpers gereinigt, geheilt, ausgerichtet, geöffnet und aktiviert werden.* Beachte, dass diese Chakren und Schablonen sich auf der höheren Ebene des Kausalkörpers deines Energiesystems befinden. Sie haben nichts mit dem Kausalkörperchakra auf der Haralinie zu tun, das sich im Nacken auf der Emotionalebene befindet und damit in der Nähe des physischen Körpers. Warte wieder, bis die Sinnesempfindungen aufhören, bevor du weitermachst.

Jetzt *bitte dein/e Göttin-Selbst/Überseele hereinzukommen und sich mit deinem Essenz-/Sternenselbst und deinem Höheren Selbst zu verbinden und zu verschmelzen.* Es könnte vielleicht auf dieser Ebene schwerer sein, ein visuelles Bild zu erhalten, da alles sich auf dieser Ebene viel zu weit entfernt anfühlt, was es ja auch tatsächlich ist. Die Empfindung der Energie lässt jedoch keine Täuschung zu. Etwas ist da, etwas sehr Starkes, Gutes und Mächtiges. Wenn dein Göttin-Selbst vollständig eingetreten zu sein scheint, *frage es nach seinem Namen.* Es mag scheinen, als ob du ihn wüsstest, jetzt oder später, ohne dass du ihn tatsächlich gesprochen hörst. Die Namen des Höheren Selbstes, Essenz-Selbstes und Göttin-Selbstes mögen ganz ähnlich klingen, vielleicht sogar eine gemeinsame erste Silbe haben, was bei mir der Fall ist. Der wahre Name deiner Seele, den sie durch all ihre Inkarnationen,

Veränderungen und Jahrtausende hindurch trägt, ist der Name, den dir dein Göttin-Selbst gegeben hat.

Ein Gespräch mit deinem Göttin-Selbst mag schwierig sein, da es sich anfühlt, als sei es weit weg. Aber wenn es mit deinem Essenz-Selbst und deinem Höheren Selbst verschmilzt, kommt es näher heran und integriert sich in dein Bewusstsein. Ganz allmählich wird es dann auch für ein Gespräch zugänglicher. Es bringt ein starkes und sicheres Gefühl des Wohlbefindens und der Freude mit sich, das mit jedem Tag stärker ins Bewusstsein tritt.

Lade dein Göttin-Selbst ein, es möge auf Dauer mit deinem Essenz-Selbst und Höheren Selbst verbunden bleiben. Dies wird nicht unmittelbar danach geschehen, und schon der erste Kontakt kann mehrere Tage in Anspruch nehmen. Die Vereinigung und Integration dauert länger, wahrscheinlich mehrere Monate. Vergiss nicht, aus welcher Ferne dein Göttin-Selbst kommt, um sich mit dir zu vereinigen.

Lade jetzt *deine Göttin ein, hereinzukommen, sich mit deinem Göttin-Selbst zu verbinden und zu verschmelzen und sich deiner Energie durch alle Ebenen und „Selbste" anzuschließen.* Hier stellen sich in erster Linie Lichtwahrnehmungen ein, und sie scheinen ruhig oder dramatisch zu sein. Wenn sich die Göttin vollständig in deiner Energie befindet, frage sie nach ihrem Namen. Es wird einer sein, den du kennst und liebst. Fordere niemals die Gegenwart deiner Göttin und die Verschmelzung mit ihr, sondern bitte sie darum oder lade sie ein.

Bitte darum, dass alle Prozesse und Angleichungen, die du nun beendet hast, auf allen Ebenen von Dauer sind und sich selbst erhalten. Damit dies eintritt, können Wiederholungen eine Zeit lang erforderlich sein, aber du bist immerhin auf dem Weg zu dieser sehr positiven Dauer. *Komme jetzt in die Gegenwart zurück,* aber lass dir Zeit - die ganze Nacht wenn möglich -, um dich an die Energie und die Veränderungen in deiner Aura anzupassen. Du kannst die Nacht im Gespräch mit deinem Höheren Selbst, deinem Essenz-Selbst, deinem Göttin-Selbst und deiner Göttin verbringen oder einfach die Farben und die Freude in dich einsaugen. Du hast in sehr kurzer Zeit in der Entwicklung deiner Seele einen großen Schritt nach vorn gemacht. Vergiss nicht, dich dafür zu bedanken. Ein kurzer Abriss dieser zwei Meditationen findet sich im Anhang II.

Im letzten Kapitel dieses Buches werden ergänzende Prozesse behandelt, die es ermöglichen, das Erreichte zu sichern und zu erhalten.

Ergänzung

Die Bitten, die man an die Herren des Karma richtet, werden sofort mit dauerhaften Ergebnissen erhört, wenn man einmal die Zustimmung erhalten hat, wenn man alle Ebenen, alle Körper und alle Leben - das gegenwärtige eingeschlossen - einbezogen hat, wenn aller Schaden geheilt und die Heilung in die Gegenwart gebracht worden ist. Es besteht keine Notwendigkeit, erneut um diese Auflösungen zu bitten, obwohl es zuweilen eine Verzögerung bei den Veränderungen gibt, die sich auf der irdischen Ebene manifestieren, oder eine Verzögerung beim Erkennen dieser Veränderungen. Diese Verzögerung kann ungefähr von ein paar Tagen bis zu längstens ein paar Monaten dauern, wenn es sich um jene Prozesse handelt, die keine sofortige Wirkung zeigen.

Beim Energieausgleich-Prozess jedoch müssen Teile der Arbeit nur einmal durchgeführt werden, während andere Teile wiederholt werden müssen. Manche erfordern häufige Wiederholung, während andere nur ab und zu überprüft und falls erforderlich wiederholt werden müssen.

Falls zum Beispiel eine Schablone oder ein Chakrasystem unausgeglichen ist oder mehr Heilung benötigt, kann man entweder den ganzen Energieausgleich wiederholen oder darum bitten, nur jenen Teil ins Gleichgewicht zu bringen. Unsere Energiekörper verschieben sich ständig, um einer Vielfalt wechselnder Faktoren Genüge zu tun, und Angleichung ist durchaus relativ.

Die Bitte um DNS-Wiederverbindung und -Aktivierung und die Bitte um Heilung des Seelenkerns brauchen nur einmal vorgebracht zu werden. Bis das Essenz-Selbst und das Göttin-Selbst jedoch hereingebracht werden, können die Ausrichtung der Energiekörper und die Verbindungen zwischen ihnen sich häufig verschieben. Sie werden stabiler, sobald die äußeren „Selbste" integriert sind. Wenn man sich auf einmal beunruhigt, unausgeglichen oder schlecht gelaunt fühlt, sollte man prüfen, ob die Körper nicht neu ausgerichtet werden müssen. Wird das gemacht, kommt die Energie sofort zur Ruhe. Die ersten fünf Schablonen erleben häufig Bewegungen und Energieschübe und brauchen vielleicht öfter Ausrichtung und Reinigung. Wenn man dies für eine Schablone macht, sollte man es für alle fünf tun. Die Angleichung und Reinigung der Hara- und Kundalini-Kanäle und die Reinigung der Silberschnur sollten auch häufig überprüft werden. Ist das Höhere Selbst einmal vollständig eingetreten, brauchen sie weniger Unterstützung. Bitte jedes Mal um Reinigung und Aktivierung der galaktischen und Kausalkörperschablone und Chakren, wenn du dein Essenz-Selbst und Göttin-Selbst hereinbringst.

Ich benutze ein Pendel für diese Überprüfung, und ich mache das zweimal täglich, morgens vor dem Aufstehen und abends vor dem Zubettgehen. Frage bei jedem Schritt des Energieausgleichs das Pendel: „Brauche ich eine Angleichung der Energiekörper?" - „Müssen die Schablonen gereinigt werden?" - „Muss die Haralinie gereinigt werden?" - „Die Kundalinilinie?" - „Die Silberschnur?" Bei den Schablonen führe ich den Prozess so durch, dass sie gereinigt, geheilt, ausgerichtet, geöffnet und alle fünf aktiviert werden. Wenn du einmal weißt, was getan werden muss, bitte die Herren des Karma um Kontakt und bitte sie, jeden Prozess der Reihe nach durchzuführen. Führe einen Schritt nach dem anderen durch, wie du es bei einem vollständigen Energieausgleich machst - vielleicht willst du ihn auch durchführen -, und beende jeden Schritt, bevor du zum nächsten übergehst. In den ersten paar Monaten führe einen vollständigen Energieausgleich-Prozess mindestens einmal pro Woche durch, unabhängig davon, ob du meinst, du brauchtest ihn oder nicht. Nachdem du in den ersten paar Monaten mit deinen äußeren Körper„selbsten" gearbeitet hast, ist nur noch einmal wöchentlich eine Überprüfung nötig, um zu sehen, welche Wiederholung erforderlich ist (obwohl ich das immer noch zweimal täglich mache).

Überprüfe auch einmal in der Woche die Energiekörper selber. Frage, ob du Heilung und Reinigung auf der Ebene des Ätherkörpers, des Astral/Emotionalkörpers, des Mentalkörpers oder Geistgitters und des spirituellen/Kausalkörpers benötigst. Irgendwann hast du vielleicht den Wunsch, den Energieausgleich-Zusatzprozess durchzuführen, indem du die Herren des Karma bittest, dein *Geistgitter von allen negativen oder veralteten Gedankenformen zu befreien und zu heilen.* Jenseits des Geistgitters und der Ebene des Mentalkörpers brauchen die Körper keine Reinigung, und die Bitte um Heilung des Seelenkerns schließt alles oberhalb dieser Ebene ein. Du kannst zu dieser Zeit auch fragen, ob dein ätherischer Doppelgänger oder astraler Zwilling Heilung benötigt. Dein Höheres Selbst, Essenz-Selbst, Göttin-Selbst und deine Göttin brauchen dies nicht.

Du kannst auch jedes Chakra auf der Hara- und Kundalinilinie überprüfen, aber wenn du die Kanäle als Ganzes ausrichtest und heilst, werden sie wahrscheinlich wenig oder gar keine individuelle Arbeit benötigen.

Dies klingt, als sei das eine ganze Menge Arbeit, aber es geht in der Tat sehr schnell. Es wird wahrscheinlich weniger als zehn Minuten brauchen, um alles zu prüfen und zu reinigen, was für den Eintritt des Höheren Selbstes erforderlich ist. Es ist wichtig, mindestens einmal täglich dein Höheres Selbst, dein Essenz-Selbst, dein Göttin-Selbst und deine Göttin in deine Energie hereinzuholen. Je bereitwilliger du das tust, um so schneller werden sich diese Energie"selbste" dauerhaft verbinden und vollständig integrieren. Auch dieser Prozess braucht nicht viel Zeit, aber überprüfe zunächst, was zu tun nötig ist, und bitte die Herren des Karma einzugreifen. Stelle insbesondere sicher, dass die Schablonen gereinigt und aktiviert sind. Wenn das nicht der Fall ist, können deine äußeren Körper"selbste" und die Göttin nicht hereinkommen.

Sobald alles gereinigt und vollständig ausgerichtet ist, *bitte dein Höheres Selbst, in deine Energie einzutreten.* Wenn es dabei ist, dies zu tun, bitte es, zuerst die Haralinie und dann die Kundalinilinie zu füllen. Als nächstes bitte dein Essenz-Selbst, *die drei galaktischen Schablonen und die fünf galaktischen Chakren zu reinigen und zu aktivieren und sich deinem Höheren Selbst anzuschließen.* Dies wird alles sehr schnell geschehen, fast so schnell, wie du darum bitten kannst. Sobald dein Essenz-Selbst vollständig mit deinem Höheren Selbst verschmolzen ist, bitte dein Göttin-Selbst, *die drei Kausalkörper-Schablonen und die fünf Kausalkörper-Chakren zu reinigen und zu aktivieren und sich mit deinem Essenz-Selbst und deinem Höheren Selbst zu verbinden.* Es wird auch sofort hereinkommen. Dann *lade deine Göttin ein, hereinzukommen und sich mit dir durch alle deine Ebenen und „Selbste" zu verbinden und mit dir zu verschmelzen.* Wenn das erfolgt ist, lade sie alle ein, bei dir zu bleiben. Sprich eine Weile mit ihnen oder gehe einfach zu Bett. Die Aufeinanderfolge all dieser Schritte nimmt nur wenige Augenblicke in Anspruch.

Wenn du Heilungen eher auf deinen körpernahen Ebenen durchführen möchtest, wirst du gern mit der Haralinie und der Kundalinilinie arbeiten wollen. Brede hat mir eine Gruppe von Symbolen gegeben, einige davon sind Reikisymbole, um die Energie sowohl des Ätherkörpers als auch des Emotional/Astralkörpers zu reinigen, zu verbinden und zu aktivieren. Die Symbole werden wie bei dem Vorgang der Fernheilung visualisiert. Im meditativen Zustand imaginiere oder sieh dein Energieselbst vor dir stehen und spüre die Symbole aus goldenem Licht über jedem Chakra auf. Wenn du nur die Konturen des Körpers siehst, ist das in Ordnung, und wenn die Farben von Gold abweichen, macht das auch nichts aus. Wenn du dies tust, sorgst du für Heilung, Ausrichtung und Reinigung der Hara-Chakren und ihre Verbindung mit den Kundalini-Chakren des Ätherkörpers. Dies hilft auch deinem Höheren Selbst, mit deinem astralen Zwilling und dem ätherischen Doppel zu verschmelzen und übrig gebliebene Schäden zu heilen.

Diagramm 4:
Hara-Heilsymbole

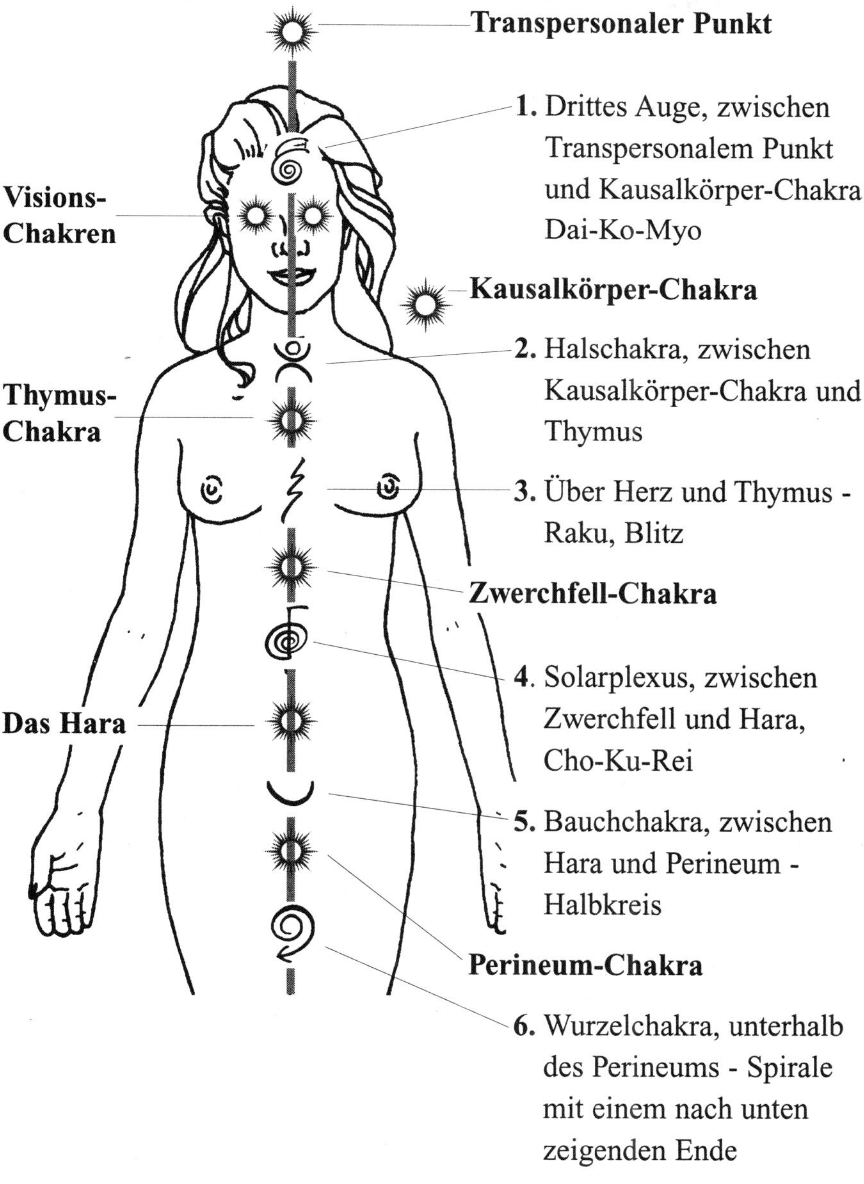

Diese fünf Symbole, die beim Heilen benutzt werden, verbinden und heilen die Verbindungen zwischen den Kundalini- und Hara-Kanälen, dem physischen Körper, dem Äther- und Astralkörper.

Die Symbole sind auf der Linie vom Kopf zum Wurzelchakra/Perineum eingezeichnet. Nicht jedem Kundalini- und Hara-Chakra ist eins zugeordnet, sonder nur jenen größeren Chakren, die eine Verbindung vom physischen Körper zur Energie der beiden anderen Körper herstellen. Das erste befindet sich über dem Stirnchakra oder dem Dritten Auge (Kundalini) zwischen dem Transpersonalen Punkt (Hara) und dem Kausalkörper-Chakra (Hara). Das Symbol ist das Reiki-Meistersymbol, das Dai-Ko-Myo, Symbol für die Heilung der Seelenebene. Das nächste befindet sich über dem Halszentrum (Kundalini) zwischen dem Kausalkörper-Chakra (Hara) und dem Thymus-Chakra. Das Symbol hier sieht wie eine einfache menschliche Figur aus, es besteht aus einem Halbkreis, der nach unten geöffnet ist, einem zweiten, der nach oben zeigt, und einem kleinen Kreis innerhalb des nach oben geöffneten Halbkreises. Diese Form existiert im Reiki nicht. Das dritte Symbol befindet sich oberhalb des Herzchakras (Kundalini) und des Thymus-Chakras (Hara). Es ist der Blitz, Raku im Reiki, Symbol der Erleuchtung und Transzendenz.

Zeichne das Reikisymbol Cho-Ku-Rei oberhalb des Solarplexus (Kundalini) zwischen dem Zwerchfell-Chakra (Hara) und dem Hara ein. Dies ist das Symbol für die Verstärkung der Heilkraft und ein Symbol für Heilungen auf der Ebene des physischen Körpers. Das fünfte Symbol oberhalb des Bauchchakras (Kundalini) zwischen dem Hara und dem Perineum-Chakra (Hara) ist ein nach oben geöffneter Halbkreis oder Halbmond. Es ist kein Reikisymbol, sondern vielleicht die Form des Halbmondes, die in Indien für das Bauchchakra benutzt wird. Das letzte Symbol befindet sich über dem Wurzelchakra (Kundalini) unterhalb des Perineums. Dies ist eine Spirale, die sich im Uhrzeigersinn dreht und deren Ende nach unten zeigt; stelle dir vor, dass die Heilenergie nach unten zwischen die Beine und zwischen den Füßen hindurch in die Erde gezogen wird.

Dies sind einfache Symbole, die man sich leicht merken kann, und sie sind ganz mächtig. Vielleicht möchtest du sie gebrauchen, wenn du Fernheilung für andere machst, du kannst sie ebenso gut für dein eigenes ätherisches und astrales Wohlbefinden nutzen. Wenn du das Gefühl hast, dass deine Energie irgendwann auf irgendeiner Ebene blockiert oder verletzt ist, können die o.a. Symbole schnell das Problem beseitigen.

Dieses Buch ist nur eine Einführung in die Möglichkeiten, die sich uns für die Heilung unserer Energie und unseres Wesens anbieten. Kommt das Karma tatsächlich auf diesem Planeten zu einem Ende, ergeben sich für uns mehr neue Anfänge, als wir uns jetzt vorstellen oder erträumen können. Wir sind ein kleiner Planet in einer Galaxie und einem Universum ohne Grenzen. Indem wir unsere Fähigkeiten, uns mit unserer eigenen Energie wieder zu verbinden und sie zu heilen, verstärken, beginnen wir auch damit, den Planeten Erde zu heilen und uns mit unserem Platz im Universum neu zu verbinden und zu heilen. Noch bleibt viel zu tun, aber ein Anfang ist gemacht.

Nutze die in diesem Buch vorgestellten Prozesse dankbar und voller Respekt angesichts der Geschenke, die die Herren des Karma uns gemacht haben. Die Methoden sind einfach, und sie müssen eingesetzt und an andere weitergegeben werden. Selbst Kinder können Karmaauflösung und Energieausgleich praktizieren, und sie machen es gut. Wer weiß, wie weit die Kinder unserer Zeit über uns hinauswachsen, wenn sie früh mit der Heilung ihrer Energie beginnen? Vergiss auch nicht, diese Methoden bei der Heilung von Tieren anzuwenden. Sie leiden nicht weniger als wir und stellen ihr Leben ganz in unseren Dienst.

In Kürze werden die Herren des Karma arbeitslos sein, und die Vorstellung, Energie auszugleichen, wird keinen mehr interessieren. Der Zeitpunkt wird von der Qualität unserer Erkenntnis und Durchführung karmischer Heilung bestimmt. Wenn es kein Karma mehr gibt und jeder all seine „Selbste“ und die Göttin in seine Energie integriert hat, werden wir als Menschen entwickelter sein und der Planet, auf dem wir uns befinden, erleuchteter. Dann sind wir vielleicht so weit gekommen, dass wir aufsteigen und uns der intergalaktischen Gemeinschaft wieder anschließen können. Setzen wir bis dahin die karmischen Prozesse ein, und machen wir uns damit auf den Weg, alle und die Erde zu heilen.

24. Dezember 1996
Vollmond in den Zwillingen

Anhang I

Die Arbeit mit den Herren des Karma

1. Bitte um Kontakt mit den Herren des Karma,
   du wirst sie auf irgendeine Weise wahrnehmen.

2. Bitte um die karmische Auflösung, die du gern hättest.

3. Du wirst ein „ja“ oder „nein“ als Antwort erhalten.

4. Erhältst du als Antwort auf deine Bitte ein „ja“, dann frage:
   Kann ich diese Heilung
   Für alle Ebenen und alle Körper erhalten,
   Für alle Leben, auch das gegenwärtige,
   Für allen Schaden aus der Situation,
   Und kann die Heilung sich in der Gegenwart JETZT zeigen?

   Wenn die Antwort wieder ein „ja“ ist, ist der Prozess beendet.

5. Wenn die Antwort auf deine Bitte ein „nein“ ist, frage, was du zu wissen oder zu tun hast, um die Auflösung zu erhalten, und warte auf eine Antwort. Wenn man dir ein früheres Leben zeigt oder eine andere Information gibt, die du vielleicht verstehst oder auch nicht, bitte um Auflösung und Reinigung dessen, was du wahrgenommen hast. Man wird dir mit „ja“ oder „nein“ antworten; gehe zu Punkt 4 zurück, wenn es ein „ja“ ist. Falls es ein „nein“ ist, frage wieder, was du wissen oder tun musst, um es aufzulösen. Wenn die Auflösung des Hindernisses bejaht wird, gehe zu deiner ursprünglichen Bitte zurück und bringe sie noch einmal vor. Wahrscheinlich bekommst du ein „ja“ als Antwort. Wiederhole den Punkt 4, um den Prozess zu beenden.

6. Wenn du ein „nein“ für den Punkt 4 erhältst, gehe jeden Satz einzeln durch und bitte um ein „ja“ oder „nein“. Bekommst du ein „nein“, wiederhole Punkt 5.

7. Du kannst beliebig viele Bitten auf einmal vorbringen, so oft du willst. Die Bitten sollten sehr einfach formuliert sein; bearbeite gleichzeitig nicht mehr als eine.

8. Nutze diesen Prozess für die vier Kategorien karmischer Heilung:
   a) um Krankheiten oder physische Zustände zu heilen
   b) um Beziehungskonflikte aller Art zu heilen
   c) um negative Charakterzüge oder Gewohnheiten zu heilen
   d) um negative Lebenssituationen zu heilen.

9. Behandle diese Wesen mit großem Respekt, lasse dich niemals auf einen Streit mit ihnen ein und bedanke dich.

Anhang II

Der Prozess des Energieausgleichs

Teil I - Der Basisprozess

Zur Beachtung: Beende jeden Schritt, bevor du zum nächsten übergehst. Jeder Schritt nimmt fünf Minuten in Anspruch.

1. Bitte um Kontakt mit den Herren des Karma.

2. Bitte sie, alle deine Energiekörper und die Verbindungen zwischen den Energiekörpern auszurichten.

3. Bitte um Reinigung, Heilung, Ausrichtung, Öffnung und Aktivierung
   a) der Ka Schablone
   b) der ätherischen Schablone
   c) der ketherischen Schablone
   d) der himmlischen Schablone
   e) der Ich-Bin-Schablone

Halte die Reihenfolge ein und bringe nicht mehr als eine Bitte gleichzeitig vor; beende jeden Schritt, bevor du zum nächsten übergehst.

4. Bitte um Wiederverbindung, Heilung und Aktivierung deiner zwölfsträngigen DNS.

5. Bitte um vollständige Heilung des Seelenkerns.

6. Fakultative Prozesse, vgl. S. 121 ff.

7. Bitte um den Eintritt deines Höheren Selbstes:
   a) frage es nach seinem Namen
   b) bitte es um ein Geschenk
   c) es wird von dir ein Geschenk erbitten
   d) lade es ein, auf Dauer mit dir verbunden zu bleiben.

8. Bitte dein Höheres Selbst, deine Hara-Kanäle und -Chakren zu reinigen, zu heilen, auszurichten, zu aktivieren und zu füllen.

9. Bitte dein Höheres Selbst, deine Kundalini-Kanäle und Chakren zu reinigen, zu heilen, auszurichten, zu öffnen, zu aktivieren und zu füllen.

10. Bitte darum, dass die eben beendeten Prozesse und Ausrichtungen dauerhaft sind.

11. Komme in die Gegenwart zurück.

Teil II - Das Essenz-Selbst

Beende jeden Schritt, bevor du zum nächsten übergehst.

1. Bitte um Kontakt mit den Herren des Karma.

2. Bitte sie, alle deine Energiekörper und die Verbindungen zwischen den Energiekörpern auszurichten.

3. Bitte um Reinigung, Heilung, Ausrichtung, Öffnung und Aktivierung
   a) der Ka Schablone
   b) der ätherischen Schablone
   c) der ketherischen Schablone

d) der himmlischen Schablone
e) der Ich-Bin-Schablone.

4. Bitte um Reinigung, Heilung und vollständige Aktivierung deiner Silberschnur.

5. Bitte um den Eintritt deines Höheren Selbstes.

6. Bitte es, deine Hara-Kanäle und -Chakren zu reinigen, zu heilen, auszurichten, zu öffnen, zu aktivieren und zu füllen.

7. Bitte es, deine Kundalini-Kanäle und -Chakren zu reinigen, zu heilen, auszurichten, zu öffnen, zu aktivieren und zu füllen.

8. Bitte es, die fünf galaktischen Schablonen zu reinigen, zu heilen, auszurichten, zu öffnen und zu aktivieren.

9. Bitte es, die fünf galaktischen Chakren zu reinigen, zu heilen, auszurichten, zu öffnen und zu aktivieren.

10. Bitte dein Essenz-Selbst/Sternenselbst, hereinzukommen und sich mit deinem Höheren Selbst zu verbinden und mit ihm zu verschmelzen.

11. Sprich eine Weile mit ihm, bitte es, permanent mit dir verbunden zu bleiben.

12. Komme in die Gegenwart zurück, aber bleibe während der ganzen Dauer der Erfahrung ruhig liegen, mindestens zwei Stunden.

Teil III - Das Göttin-Selbst

1. Wiederhole Teil II von Punkt 1 - 10. Beende jeden Schritt, bevor du zum nächsten übergehst.

2. Bitte um Reinigung, Heilung, Ausrichtung, Öffnung und Aktivierung der drei Schablonen des Kausalkörpers.

3. Bitte um Reinigung, Heilung, Ausrichtung, Öffnung und Aktivierung der fünf Kausalkörper-Chakren.

4. Bitte dein/e Göttin-Selbst/Überseele, hereinzukommen und sich mit deinem Essenz-Selbst und deinem Höheren Selbst zu verbinden und mit ihnen zu verschmelzen.

5. Frage nach seinem Namen, sprich mit ihm.

6. Bitte dein Göttin-Selbst, mit dir permanent verbunden zu bleiben (Dieser Prozess kann mehrere Tage in Anspruch nehmen.).

7. Lade deine Göttin ein, hereinzukommen und sich mit deinem Göttin-Selbst zu verbinden und mit ihm zu verschmelzen und sich deiner Energie durch alle Ebenen und „Selbste" anzuschließen. Sprich mit ihr, frage sie nach ihrem Namen.

8. Bitte darum, dass die eben beendeten Prozesse und Angleichungen dauerhaft sind.

9. Komme in die Gegenwart zurück, aber bleibe während der ganzen Dauer der Erfahrung ruhig liegen, mindestens zwei Stunden.

Über die Autorin

Diane Stein arbeitet seit 30 Jahren als Heilpraktikerin. Sie hat mehr als ein Dutzend Bücher geschrieben, darunter Bestseller wie Grundzüge von Reiki: ein Handbuch über eine alte Heilkunst (Essential Reiki: A Compleate Guide to an Ancient Healing Art), Geistheilung mit Geistführern und Engeln (Psychic Healing with Spirit Guides and Angels) und Das natürliche Heilungsbuch für Frauen (The Natural Remedy Book for Women).

ISBN 3-931652-72-6
60 Seiten, gebunden,
11 ganzs. Farbfotos
€ [D] 14,90

Elisabeth Kübler-Ross

Warum wir hier sind

Antworten auf Fragen, die in ihren anderen Büchern noch nicht gestellt wurden, und uns alle bewegen:

Warum sind wir Menschen hier?
Warum müssen wir immer wieder inkarnieren?
Warum vergessen wir eigentlich, woher wir gekommen sind?
Was sollen wir in dieser Erdenschule lernen?
Was können wir aus einer Partnerschaft lernen?
Wie kann man mit dem Jenseits in Kontakt kommen?
Wie bereiten wir uns auf ein erneutes Erdenleben vor?
Hat denn alles, was einem im Leben widerfährt, einen Sinn?

ISBN 3-89845-007-4
Handbuch 156 Seiten
49 vierf. Symbolkarten
in Stülpschachtel
€ [D] 29,00

Ingrid Auer | Karten-Set mit Buch |

Heilende Engelsymbole

49 Schlüssel zur Engelwelt

Ein Geschenk aus der Engelwelt! Einfühlsam und leicht verständlich ermöglicht Ingrid Auer mit ihren 49 Engelkarten und dem sehr ansprechend gestalteten Begleitbuch einen natürlichen, unbefangenen Zugang zur Engelwelt.
Die im Buch vorgestellten Engelsymbole verhelfen dazu, Blockaden im seelischen und körperlichen Bereich zu lösen und die Chakren sowie Wasser, Nahrungsmittel und vieles mehr zu energetisieren. Auch die verschiedenen Legesysteme bergen eine Fülle von Anwendungsmöglichkeiten. So lassen sich mit Hilfe der kraftvollen Symbolkarten Fragen zu den Themen Selbsterkenntnis, Lebensweg, Lernaufgabe, Vergangenheit - Gegenwart - Zukunft etc. beantworten.

ISBN 3-931652-17-3
304 Seiten, gebunden
€ [D] 16,90

Jean-Marie Paffenhoff

Die Engel Deines Lebens

Wie Du mit ihnen Kontakt aufnimmst

Ein Buch über unsere drei unterschiedlichen Schutzengel und darüber, wie wir mit ihnen in Verbindung treten können.
Es werden die Zusammenhänge der Schutzengel mit der Bibel, der Kabbala und dem hebräischen Alphabet erläutert.
Der Autor gibt außerdem eine Einführung in das System der Kabbala mit Meditationstechniken.

ISBN 3-89845-013-9
64 Seiten, gebunden
mit Illustrationen
€ [D] 9,90

Isabella Monti

Ein himmlischer Dialog

Eine neugierige Seele spricht mit Gott über unsere Welt

Eine kleine Seele trifft Gott bei einem Spaziergang im Himmel. Zwischen den beiden beginnt ein »himmlischer« Dialog – über Liebe und Angst, Schuld und Unschuld, über Freude und Leid, Krankheit und Tod, über Erziehung und Beziehungen, Sucht und Eifersucht, über Religion und den Sinn unseres Erdendaseins. Und Gott antwortet geduldig auf alle Fragen, einfach und klar. Die Geschichte der kleinen Seele ist ein wertvoller Wegweiser, der Mut machen und neue Perspektiven eröffnen kann. Weise Botschaften, verpackt in einer genial einfachen Geschichte. Und genau darin liegt ihr Zauber: Sie tut der Seele einfach gut und man kann fühlen, dass tief im Inneren Heilung geschieht. Ganz von selbst.

ISBN 3-89845-034-1
160 Seiten · gebunden
€ [D] 14,90

Squire Rushnell

Wenn Gott zwinkert

Wie die Kraft des Zufalls Dein Leben leitet

Haben Sie sich jemals über Zufälle gewundert? Warum passierte mir das gerade, als ich es so dringend brauchte? Als ob es jemand geplant hätte. Nicht nur Sie stellen sich solche Fragen. Viele haben schon festgestellt, dass es weit mehr seltsame Zufälle im Leben gibt, als man ahnen möchte. Auch der Autor hat eine Menge dieser Gotteswinke erlebt und zeigt, wie der Leser sie leichter entdecken und sein Leben damit bereichern kann. Mit einer Reihe von faszinierenden Wink-Geschichten aus der Welt der so genannten Zufälligkeiten im Leben von Berühmtheiten und Leuten wie du und ich schließt sich der Reigen rund um das von einer höheren Kraft in die Hand genommene Schicksal.

ISBN 3-931652-94-7
336 Seiten, gebunden
€ [D] 17,90

Verena S. Trautwein

Die Kraft der Lichtspirale

Die Geburt in eine liebevolle und erfüllte Wirklichkeit

Mit praktischen Übungen

Mit unserem Körperbewusstsein befinden wir uns in der Welt der Trennung, während sich unsere Seele in der Welt der Einheit befindet. Wie können wir unser wahres Wesen, unsere Seelenessenz erkennen und in unser Alltagsbewusstsein integrieren? Die Antwort ist gechannelt aus den geistigen Welten, von geistigen und inneren Führern. Übungen verhelfen zur energetischen Neustrukturierung der Persönlichkeit.

ISBN 3-931652-46-7
196 Seiten · gebunden
durchg, vierfarbig
€ [D] 16,90

Carmen Schüle

Handlesen leicht gemacht

Der schnelle Charakterspiegel

Mit diesem Buch haben Sie die Möglichkeit in die hohe Kunst des Handlesens einzusteigen. So kann die Hand Veranlagungen und Begabungen preisgeben. Das Handlesen führt zu vertiefter Selbsterkenntnis und hilft auch das Wesen anderer Menschen besser zu ergründen. In Abbildungen werden alle wesentlichen Handmerkmale erklärt.

ISBN 3-89845-005-8
Box, Begleitbuch 112 S.
45 farb.Karten 12 x 9 cm
€ [D] 24,90

Lynn Andrews | Karten-Set mit Buch |

Das Power Set

Die Weisheit der Frauen

Dieses Power-Set besteht aus 45 wunderschön illustrierten Karten und einem Buch mit Affirmationen und Meditationen. Die Autorin der ›Medicine Woman‹ und der ›Woman of Wyrrd‹ zeigt Ihnen, wie Sie die Weisheit des Universums nutzen können, die von den Schwestern der Schilde offenbart wurde. Auf jeder Karte finden Sie ein Bild, das Mutter Erde und Vater Himmel symbolisiert, und eine Affirmation, die Ihre Macht vergrößert. Um die Erde zu heilen, müssen wir uns zuerst selbst heilen. »Das Power-Set«, schreibt Lynn Andrews, »hilft uns, die Urquelle unserer Schmerzen und Schwächen zu finden, sodass wir sie überwinden können. Jede Karte fördert Schönheit, Gesundheit, Kraft und Weisheit.«

ISBN 3-931652-85-8
224 Seiten, broschiert
€ [D] 12,90

Theo Fischer

Das Tao der Selbstfindung

Dieses Buch vom Autor des Bestsellers „Wu wei - die Lebenskunst des Tao" ist eine Lektion in Sachen Hinwendung zur Wirklichkeit. Wer den Mut aufbringt, sich dem objektiven Zustand seines Lebens ehrlich und rückhaltlos zu stellen, wird erleben, dass er damit den Kraftschluss herstellt, der jene Energien freisetzt, mit denen er seine Probleme lösen kann.